초등 국어과 글씨 쓰기 지도

: workbook

편저자

엄해영, 서울교육대학교 국어교육과 교수, 문학박사
원진숙, 서울교육대학교 국어교육과 교수, 문학박사
이재승, 서울교육대학교 국어교육과 교수, 교육학박사
이병규, 서울교육대학교 국어교육과 교수, 문학박사
이향근, 서울교육대학교 국어교육과 교수, 교육학박사
김도남, 서울교육대학교 국어교육과 교수, 교육학박사
손희연, 서울교육대학교 국어교육과 교수, 언어학박사

표지 그림

한태상, 서울교육대학교 미술교육과 명예교수
　(작품명 : 자 · 모음 series 08-X VIII-2)

초등국어교육연구소 연구총서 10

초등 국어과 글씨 쓰기 지도 : workbook

초 판 인쇄　2018년 2월 23일
초 판 발행　2018년 3월 2일

지은이　　엄해영, 원진숙, 이재승, 이병규
　　　　　　이향근, 김도남, 손희연
표지그림　한태상
펴낸이　　박찬익
편 집　　조은혜

펴낸곳　　㈜ **박이정**
주 소　　서울시 동대문구 천호대로 16가길 4
전 화　　02) 922-1192~3
전 송　　02) 928-4683
홈페이지　www.pjbook.com
이메일　　pijbook@naver.com
등 록　　2014년 8월 22일 제305-2014-000028호

ISBN　　979-11-5848-372-2 (93370)

* 책값은 뒤표지에 있습니다.

초등국어교육연구소 연구총서 10

초등 국어과 글씨 쓰기 지도

엄해영 · 원진숙 · 이재승 · 이병규 · 이향근 · 김도남 · 손희연 편

● workbook

(주)박이정

• 머리말

　이 책은 초등 교사나 초등 예비 교사들에게 글씨 쓰기에 대한 기본적인 이론을 제시하고, 한글 및 한자의 글씨 쓰기 연습을 실제 해 볼 수 있는 기회를 제공하기 위해 편찬되었습니다. 이 책은 기본적으로 초등학생들에게 글씨 쓰기를 가르치는 데 도움을 주도록 고려하였고, 글씨 쓰기와 관련된 내용을 가능한 한 폭넓게 반영하려고 노력하였습니다.

　이 책의 구성은 크게 제1부와 제2부로 나뉘어져 있습니다. 제1부는 글씨 쓰기에 관련된 이론적인 설명으로 되어 있고, 제2부는 글자 쓰기 지도의 실제를 주로 다루고 있습니다. 제1부는 모두 3장으로 되어 있는데, 제1장은 이 책의 핵심 내용이라 할 수 있는 글씨 쓰기 지도론이고, 제2장은 판서 지도론, 제3장은 한자 쓰기 및 한자 지도론입니다. 반면에 제2부는 글씨 쓰기 지도의 실제로서 이 책 사용자들이 한글 쓰기 연습, 한자어 및 고사성어 쓰기 연습 등을 주별로 차근차근 연습할 수 있도록 구성하였습니다.

　글씨 쓰기는 학교 교육에서 특별히 배울 필요가 있을까 의문을 제기하는 이들이 상당히 많습니다. 그것은 오늘날처럼 컴퓨터로 문서나 표를 작성하는 일이 많고, 실제 편지를 글씨로 써서 보내는 것보다 전자 우편이나 손전화 쪽지글로 보내는 일도 많기 때문에 그런 의문을 제기하는 이도 있습니다.

하지만, '글씨 쓰기'를 제대로 가르쳐야 하는 근본 이유는 적어도 초등학교 시절에 우리 글자인 '한글'을 제대로 격식에 맞추어 적을 수 있고, 하나의 문장이나 한 편의 글이라도 제대로 반듯하게 적을 수 있는 능력을 갖추는 것이 교양 있는 한국 사람으로서의 글자 생활을 위한 기본 임무라고 생각하기 때문입니다. 또한, 한자어와 고사성어 쓰기는 우리 생활에서 널리 쓰이고 있는 한자어를 이해하는 능력을 갖춘 교양인으로서의 기본 자질을 함양해 줄 뿐만 아니라 초등학교 어휘 교육을 위한 원리와 방법을 이해하는 기본이 됩니다. 다만, 한자어 쓰기는 우리 일상생활에 널리 쓰이는 교육용 한자로만 국한하여 제시하였습니다. 교과부에서 제시한 4, 5, 6, 7, 8급 1000자 중 5, 6, 7, 8급을 중심으로 고빈도 한자 중 선별하여 수록하였습니다.

이 책은 이러한 의도 하에서 편찬되었고, 이 의도를 제대로 살리기 위해 주별로 연습 문제를 제시하였습니다. 이 한 권만 제대로 연습하고 익히면 적어도 글씨 쓰기에 관한 한 비교적 반듯하고, 품위 있는 글자 생활을 할 수 있을 것이라 확신합니다. 이 책의 편찬에 관여하시고, 원고 작성에 도움을 주신 많은 분께 머리 숙여 감사를 표합니다.

2018년 2월 9일
편저자 일동

• 차례

제1부 글씨 쓰기 지도

제2부 글씨 쓰기 지도의 실제

제1부

글씨 쓰기 지도

제1장

글씨 쓰기 지도론

1. 글씨 쓰기 지도의 방향

아무리 워드프로세서와 같은 장치가 일반화되어 있다고 하더라도 글씨를 바르게 쓰도록 하는 것은 학교 교육에서 강조해야 할 요소이다. 여전히 아이들의 삶에서 손으로 글씨를 써야 하는 경우가 훨씬 많으며, 앞으로도 손으로 글씨를 써야 하는 상황이 많이 있다. 글씨를 보면 그 사람을 알 수 있다고 할 정도로 글씨를 정확하게, 때로는 예술적으로 쓰게 하는 것은 오랫동안 우리의 전통이 되어 왔다. 현실적으로 한 편의 글을 썼을 때 글씨가 바르지 못하다면 그 글의 값어치를 제대로 인정받지 못하는 경우가 허다하다. 그러므로 어릴 때부터 체계적으로 지도하여 학생들이 바르게 글씨를 쓸 수 있도록 지도해야 한다.

- 어릴 때부터 지도해야 한다. 글씨 쓰기는 일종의 기능이기 때문에 한번 굳어 버리면 고치기 어려운 특성이 있다. 그러므로 어릴 때부터 지도해야 하는데, 초등학교에 들어온 아이들이 잘못된 습관을 가지고 있으면 바로잡아 주어야 한다.
- 국어 교과서에서는 주로 1, 2학년에 글씨 쓰기 학습 요소가 많이 있지만, 비단 1, 2학년에서만 글씨 쓰기를 지도해야 하는 것은 아니다. 초등학교 학교 생활 전체에서 지도해야 한다.
- 국어 시간, 쓰기 시간에서만 글씨 쓰기를 지도해야 하는 것은 아니다. 학교 생활 전체에서 지도해 주어야 한다.
- 하루아침에 글씨를 바르게 쓸 수 없고, 글씨를 바르게 쓰는 아이도 어느 날부터 제대로 쓰지 않는 경우가 많기 때문에 꾸준히 지도하는 것이 중요하다.
- 교과서에 제시되어 있는 글씨 쓰기 공간에서만 가르친다고 해서 글씨를 잘 쓸 수 있는 것이 아니다. 그것을 바탕으로 별도의 연습장을 만들어 수시로 지도한다.
- 엄격하지는 않지만 지도의 계열성을 고려해야 한다. 대체로 처음에는 개별 낱자(자음과

모음자)를 정확하게 쓰는 것에서 시작하여 글자의 모양을 고려하여 쓰기, 위치에 따라 글자의 모양이 달라지는 글자 쓰기, 글자의 간격을 고려하여 쓰기 등의 순서를 고려하는 것이 좋다. 그리고 개별 낱자 쓰기에서 음절, 단어, 문장 등의 순서도 고려하는 것이 좋다.

- 교과서에 제시된 보조선을 적극 활용하는 것이 좋다. 그리고 교과서에 제시되어 있는 덮어 쓰기, 시필점 제대로 찾기 등을 적극 활용한다.
- 교사 자신이 항상 모범적인 글씨를 보여 주어야 한다. 학생들은 교사의 행동을 모방하는 경향이 강하기 때문에 판서를 할 때에도 항상 바른 글씨를 써야 한다.
- 학부모의 협조를 구하는 것도 좋은 방법이다. 학교에서 충분히 지도하는 데에는 여러 가지 어려움이 있기 때문에 가정에서 학부모의 도움을 받아 꾸준히 지도할 수 있도록 한다.

2. 글씨 쓰기 지도 체계

초등학교 1학년에서는 바르게 앉는 것, 연필 바로 잡기부터 시작한다. 이것은 글씨 쓰기 전체 학습에서 강조해야 할 부분이다. 그 다음에는 필순에 맞게 쓰기를 학습하는 데 주안점을 두고 있다. 자음자와 모음자를 차례대로 쓰기, 음절이나 단어 단위를 제시한 다음, 차례에 맞게 쓰기를 가르치게 되어 있다. 그 다음에는 자형을 고려한 글쓰기인데, 오른쪽으로 확산되는 글자(◁), 아래로 확산되는 글자(△), 다이아몬드형 글자(◇) 등이 여기에 해당된다. 그런 다음, 오는 위치에 따라 글자의 모양이 달라지는 것을 공부하게 된다. 끝으로 글자의 간격에 따른 차이를 고려하는 것으로 세로선에 맞추어 쓰는 글자, 가로선을 맞추어 쓰는 글자, 가로선과 세로선을 모두 고려해서 써야 하는 글자, 사선의 간격을 고려해서 쓰는 글자 등으로 구성되어 있다.

이들 학습 순서는 어느 정도 순차적이기는 하지만, 성격상 반복 순환하는 것이 바람직하기 때문에 엄격히 이들 순서대로 교과서를 구성하지는 않았다. 학교 현장에서는 이러한 기본틀을 참고하여 별도의 글씨 쓰기 학습장을 만들어서 지속적으로 글씨 쓰기 활동을 하도록 하고, 평소에 학생들이 글씨를 바르게 쓰는 데 관심을 가지도록 한다.

3. 집필과 서사 자세

글씨를 바르게 쓰는 데 도움이 되는 자세는 크게 두 가지로 나누어 볼 수 있다. 첫째는 연필을 잡는 자세, 즉 집필 자세이고, 둘째는 앉아서 쓰는 자세, 즉 서사 자세이다.

올바른 집필 자세는 다음과 같다.

1) 연필은 집게손가락과 가운뎃손가락 사이에 살짝 끼워 엄지손가락으로 덮어 누른다.
2) 연필대는 집게손가락과 가운뎃손가락 사이에 끼면 안 되고, 집게손가락의 첫째 마디에 닿도록 한다.
3) 연필과 지면의 각도는 60° 정도 되게 유지한다. 대부분의 학생들은 연필대를 너무 세워서 쓰는 경향이 있는데, 그렇게 하지 않도록 한다.
4) 연필대의 끝을 오른쪽 귀 옆쪽을 향하도록 한다.
5) 약손가락, 새끼손가락은 차례대로 구부린 채 가운뎃손가락을 받쳐주기만 한다.

올바른 서사 자세는 다음과 같다.

1) 책걸상의 높이가 체구에 적합해야 한다.
2) 걸상을 책상 밑으로 조금 들어오도록 놓는다.
3) 책상 앞 모서리와 배 사이에 주먹 하나가 들어갈 정도, 등과 걸상 뒷면 사이에도 주먹 하나가 들어갈 정도가 되도록 걸상을 놓는다.
4) 허리를 펴고 고개는 앞으로 조금 숙인다.
5) 왼쪽 팔꿈치는 책상 위로 올라오지 않도록 한다. 팔꿈치와 손목의 중간 부분이 책상 앞 모서리에 닿게 한다. 오른 쪽 팔꿈치도 책상 위에 올려놓지 않는다.

4. 낱자 쓰기 지도

• 'ㄱ(기역)'과 'ㄴ(니은)'을 쓸 때에는 종이에서 연필을 떼지 말고 한 번에 쓴다. 'ㄱ'은 왼쪽에서 오른쪽으로 긋다가 멈추고, 약간 힘을 주며 방향을 바꾸어 아래로 내리그어야

한다. 'ㄴ'은 위에서 아래로 내리긋다가 오른쪽으로 방향을 바꾸어야 한다.

- 'ㄷ(디귿)'은 먼저 옆으로 획을 긋고, 다음으로 그 획의 시필점에 'ㄴ'을 덧붙여 써야 한다.

- 'ㄹ(리을)'은 먼저 'ㄱ'을 쓰고, 다음으로 'ㄷ'을 덧붙여 써야 한다. 특히, 'ㄱ'의 종필점과 'ㄴ'의 옆으로 긋는 획(ㅡ)의 종필점이 맞닿게 써야 한다.

- 'ㅁ(미음)'은 내리긋는 획(ㅣ)을 먼저 쓰고, 다음에 'ㄱ'을 내리긋는 획의 시필점 가까이에 이어 쓴 다음, 옆으로 긋는 획을 써야 한다. 이때 옆으로 긋는 획은 시필점은 내리긋는 획의 종필점과 맞닿아서는 안 되고, 'ㄱ'의 종필점과 맞닿아야 한다.

- 'ㅂ(비읍)'은 내리긋는 두획(ㅣㅣ)을 먼저 쓰고, 옆으로 긋는 두 획을 위에서 아래로 차례로 써야 한다. 이때 옆으로 긋는 두 획은 내리긋는 획에 닿게 써야 한다.

- 'ㅅ(시옷)'은 삐침(/)을 먼저 쓰고, 그 옆에 비스듬하게 점을 찍어야 한다.

- 'ㅇ(이응)'은 시필점에서 시작하여 왼쪽으로 동그랗게 한 번에 써야 한다. 이때 종이에서 연필을 떼어서는 안 된다.

- 'ㅈ(지읒)'은 꺾어 삐치는 획을 먼저 쓰고 그에 닿게 점을 비스듬하게 찍어야 한다.

- 'ㅊ(치읓)'은 먼저 점을 오른쪽으로 비스듬하게 찍고, 다음에 꺾어 삐치는 획을 점에 닿지 않도록 쓰고, 그 획에 닿게 점을 비스듬히 찍어야 한다.

- 'ㅋ(키읔)'은 'ㄱ'과 같이 꺾인 획을 먼저 쓰고, 삐치는 획을 'ㄱ'안에 써야 한다. 이때 삐치는 획의 끝은 꺾인 획에 닿게 써야 한다.

- 'ㅌ(티읕)'은 'ㄷ'의 첫 획을 그을 때처럼 두 획을 가로로 나란히 그은 다음, 첫째 획의 시필점에 연필을 대고 'ㄴ'을 쓰듯이 구부려 쓴다.

- 'ㅍ(피읖)'을 쓸 때에는 아래의 가로 획이 위의 가로 획보다 길어야 하고, 두 세로 획(ㅣ ㅣ)의 끝이 아래 가로 획에 닿아야 한다.

- 'ㅎ(히읗)'은 'ㅊ'을 쓸 때의 모양으로 먼저 점을 찍고 가로 획이 닿지 않도록 그은 다음에 'ㅇ'을 써야 한다.

- 'ㅏ,ㅑ'처럼 점이 오른쪽에 있는 홀소리 글자는 내리긋는 획(ㅣ)을 먼저 써야 한다. 내리긋는 획을 쓸 때에는 연필을 종이에서 떼지 않고 한 번에 써야 하고, 끝나는 곳을 생각하며 곧게 내리그어야 한다. 점은 오른쪽에 찍어야 하는데, 점이 하나일 때에는 가로 보조선에 맞게, 점이 둘일 때에는 가로 보조선을 사이에 두고 위아래에 찍어야 한다.

- 'ㅓ,ㅕ'처럼 점이 왼쪽에 있을 때에는 점을 먼저 찍고, 그 다음에 내리 긋는 획을 써야 한다. 왼쪽에 점을 찍을 때에는 'ㅏ,ㅑ'의 점을 찍을 때의 위치와 차례를 지켜야 한다.

그러나 'ㅓ,ㅕ'의 점을 찍을 때에는 'ㅏ,ㅑ'의 점처럼 끝나는 곳에 힘을 주어서는 안 된다. 'ㄴ,ㄹ'의 끝을 마칠 때처럼 써야 한다.

- 'ㅗ,ㅛ'는 점을 먼저 찍고 옆으로 긋는 획을 나중에 쓴다. 점을 찍을 때에는 시필점에 힘을 주고, 종필점에서 힘을 빼도록 한다, 그리고 점의 종필점이 옆으로 긋는 획에 닿도록 한다.
- 'ㅜ,ㅠ'는 먼저 옆으로 긋는 획을 쓰고 아래로 내리긋는 획을 나중에 쓴다. 아래로 내리긋는 획을 쓸 때에는 그 시필점이 옆으로 내리긋는 획에 닿게 하고, 끝나는 곳에서 힘을 뺀다. 특히, 'ㅠ'의 왼편 획은 삐쳐 쓴다.
- 'ㅡ'를 쓸 때에는 연필을 종이에서 떼지 않고 한 번에 쓴다. 그리고 시필점에 힘을 주고, 중간에서는 힘을 약간 빼고 종필점에 힘을 준다.
- 'ㅣ'를 쓸 때에는 한 번에 써야 한다. 시필점에 힘을 주고, 종필점에서 힘을 빼야 한다.

제2장

판서 지도론

판서(板書)는 '교육 활동의 핵심을 문장화하여 학습의 효과를 증대시키는 기능'을 가리킨다. 대부분의 수업 활동을 칠판에만 의존하던 과거와는 달리 요즈음은 수업 자료로 아주 다양한 매체를 적극적으로 활용하기에 판서의 양이 절대적으로 줄어들었다. 하지만 판서는 문제 발견, 학습과제 파악, 문제 추구와 학생의 발표 내용 요약, 또는 중심 내용의 정리와 같은 일을 할 때 여전히 아주 효과적인 기능을 한다. 판서는 학습의 모든 과정에서 다양한 효과를 보일 수 있고, 특히 마무리 단계에서 전체 학습 과정을 되돌아보며 정리하는 학습의 효과를 높일 수 있다.

1. 판서의 교육적 효과

① 강화의 효과 : 사고를 심화시켜 발전적 학습의욕 고취
② 보유의 효과 : 일정한 시간 보유. 내용정리의 발판, 반복 설명 정리
③ 검토의 효과 : 필요한 내용의 첨서 가능
④ 구성의 효과 : 문장화, 도형화되어 단계적으로 구성

2. 판서 개관

(1) 판서의 방법

① 판서 계획 : 교수·학습 과정안을 작성할 때의 계획. 내용을 단순화, 도식화한다.
② 판서 형태 : 병렬형, 대조형, 구조형, 귀납형
③ 판서 위치 : 빛이 들어오는 상황이나 그늘 등을 사전 탐지한다.

칠판을 3등분하여 사용한다고 할 때 오른쪽은 학습 문제와 학습 순서를 기재하며, 가운데 위쪽에는 단원(제재)명과 학습 내용을 구조화하여 판서하면 좋다. 왼쪽은 학생들의 발표 내용을 요약하여 메모하는 교사의 메모장으로 활용하면서, 이곳에 쓰인 내용을 중심으로 학습을 진행하도록 한다. 그렇게 하면 학생들이 교사의 메모 내용을 보면서 학습을 하기 때문에 중복되는 내용의 발표가 없어지고, 앞사람의 발표 내용을 정확하게 파악하게 되어 보충 의견의 제시나 더 발전적인 발표를 할 수 있게 되어 학생들의 사고력 증진에 도움을 주게 될 것이다.

공부할 문제 학습 순서(계획)	단원(제재)명 : 핵심 내용	• 아동 응답 요점 • 학생 활용 • 연습 및 심화 문제

(2) 판서의 시기

① 학생들의 의문을 유발하고, 학습의 힌트를 제시할 때
② 그때 그때 상황에서 효과를 높일 수 있는 최적기일 때
③ 학생들의 주의를 집중시킬 수 있는 기회일 때
④ 도입 단계 : 단원명, 학습 목표 확인, 학습 계획 수립
⑤ 전개 단계 : 핵심 내용 주제, 핵심 내용의 전개
⑥ 정리 단계 : 판서 내용 정리, 차시 안내와 과제 제시

(3) 글씨체

가능하다면 궁체 형태의 글씨로 쓴다.

(4) 판서의 양

① 학년별 문자의 크기를 고려한다.

학 년	문자의 크기	1행의 글자수	총 행 수
저 학 년	15 ~ 10cm	17 ~ 22자	7 ~ 10행
중 학 년	10 ~ 9cm	24 ~ 26자	10 ~ 12행
고 학 년	9 ~ 7cm	26 ~ 28자	12 ~ 15행

② 가급적 칠판의 전면을 한 번 활용하여 한 시간의 수업을 마치는 것이 좋다.
③ 학생의 수용량, 학생들의 노트 필기를 하게 될 상황을 고려한다.
④ 판서의 내용은 간결하면 항상 '최적의 선'을 생각한다.

(5) 좋은 판서

① 3대 원칙 : 바르게, 빨리, 아름답게
② 형식 면 : 위치, 속도, 글자 크기, 서체 쓰는 방법이 알맞아야 한다.
③ 내용의 적합, 형식의 구조화, 학습의 전기 마련, 사고 활동 신장
④ 내용을 명확히 표현, 사고를 진전시켜야 한다. 흥미, 학생 발언 정리, 비교

3. 판서 시 유의점

① 필순에 유의해야 한다. 특히 입문기를 비롯한 저학년 학생에게 필순 지도는 필수적이며 0, 5, 7, 8, ㄷ, ㄹ, ㅁ, ㅂ, ㅌ 등과 같은 문자의 필순에 오류가 생기지 않도록 주의를 기울인다.

② 속도는 되도록 빠르게 한다.

③ 바른 어휘로 띄어쓰기에 조심한다.

④ 교사의 자세는 교사가 쓴 글이 가려지지 않는 자세이어야 하며, 칠판과 학생을 반반 볼 수 있도록 되어야 한다.

⑤ 기억을 영속시키기 위해서는 중요한 사항을 강조한다. ㅁ, ㅇ, ◇ , 「 」로 표시하거나 색분필 쓰기, 혹은 일정 부분을 크게 하거나 고딕체 등으로 표시 하는 등 중요한 부분은 한 눈에 알아보고 강화될 수 있도록 차별화하여 판서한다.

⑥ 자주 지우지 않는 판서이어야 한다. 많이 지우는 판서는 무계획적인 판서로 교사에 대한 불신감을 초래하며, 학생의 사고에 혼란을 준다.

⑦ 학습장 길이를 고려하여 칠판의 면을 분할 사용한 판서라야 한다.

⑧ 판서의 양은 가능하면 적은 것이 좋다.

⑨ 판면에 사각(死角)이 생기지 않게 써야 한다.

⑩ 학습 문제 제시는 문장으로만 제시한다는 고정 관념에서 벗어나 그림, 모형, 실물 등과 문장을 섞어서 제시하는 등 다양한 기법을 활용하도록 한다.

⑪ 학년별 유의점

　(개) 저학년 (1, 2학년)

　　㉠ 큰 글씨로 쓰며 정성들여 바르게 쓴다.

　　㉡ 색분필을 써서 중요한 부분을 명확히 드러낸다.

　　㉢ 약화, 녹화를 넣어 학생의 흥미를 끌도록 한다.

　　㉣ 학생에게 판서시킬 때는 크게 쓰도록 하고 필순에 유의하여 지도한다.

　(나) 중학년 (3, 4학년)

　　㉠ 글자가 약간 작아진다.

　　㉡ 도형은 용구를 써서 바르게 그린다.

　　㉢ 수학 학습 시 칠판을 학생이 활발히 사용할 수 있게 한다.

　　㉣ 그래프는 모눈 칠판을 쓴다.

　(다) 고학년 (5, 6학년)

　　㉠ 글자가 작지 않도록 한다.

ⓛ 난필이 되지 않도록 한다.

ⓒ 빨리 쓰도록 한다.

ⓔ 그림 등은 필요한 장소에 자유롭게 그리도록 한다.

ⓜ 필요한 부분에 ㅁ, ㅇ, 〈〉, 「」 등과 같은 강조 표시나 색분필을 활용할 수 있으나 고학년에서는 저학년처럼 많이 쓰지 않고 꼭 필요한 곳에만 쓰도록 한다.

ⓗ 수식을 쓸 때는 끊을 자리, 단위 등에 유의하도록 한다.

ⓢ 학생이 직접 판서하는 기회도 부여한다.

제3장

한자 쓰기 및 한자 지도론

1. 우리의 언어 환경

(1) 우리의 언어 환경

- 한자(漢字)의 전래는 한사군(漢四郡) 무렵으로 추정되며, 삼국(三國)이 고대 국가 체제를 갖추면서 본격적으로 쓰이기 시작한 것으로 보임.
- 한자는 전래 초기에는 행정 실무의 차원에서 쓰였으나 이후 차츰 사상, 관념, 정서 표현의 도구로 쓰이면서 고유어의 역할을 상당 부분 대신해왔음.
- 삼국시대 이후 우리의 언어생활은 고유어와 한문의 중층적 구조를 보임.
- 한글 창제 이후 개화기까지 한자 · 한문이 지식 문화의 도구 역할을 해 옴.
- 국어사전 수록 어휘의 70% 이상이 한자어임.
- 우리의 언어생활은 한자어, 고유어를 포괄한 바탕 위에서 이루어지고 있음.

(2) 한자어의 특징

- 개념(槪念)의 함축력이 뛰어남. 한 글자가 하나의 낱말 역할을 함.
- 조어력(造語力)이 뛰어남. 새로운 개념에 대응하는 어휘 구성이 쉬우며, 한자의 의미만 알면 조어된 한자어의 의미도 쉽게 알 수 있음.
  - 예 교(敎) － 敎育, 敎職, 敎師, …, 宗敎, 胎敎 …
- 축약력이 뛰어남. 의미의 핵심을 이루는 글자를 중심으로 축약해도 그 의미가 고스란히 보존됨.
  - 예 大入修學能力試驗 － 大入修能

- 국어에는 동음이의어(同音異義語)가 매우 많음. 한자는 이러한 동음이의어에 대한 구분, 의미 파악을 쉽게 함.
  예 상사 – 相思, 商事, 相似, 喪事, 常事 …

2. 한자 지도 방법

- 한자는 형(形)·음(音)·의(義) 삼요소로 구성되어 있는 표의문자(表意文字)
- 그러므로 한자의 생성 원리를 분석, 종합하는 과정에서 ㉠ 한자의 훈음(訓音)을 알고 ㉡ 그 한자들이 배합해서 이루어지는 한자어의 구조, 즉 조어(造語)의 구성 원리를 이해하고 ㉢ 그 한자어들이 우리 언어 속에서 적용되는 원리를 아는 것이 중요함.

(1) 한자 지도의 3단계 전략

1) 훈음 단계

① 부수(部首) 익히기

부수는 한자를 구성하는 기본 글자. 명(明)나라 매응조(梅膺祚)가 『자회(字匯)』라는 책에서 214자로 정리.

예제

- 宀(집 면) : 가옥 또는 가옥에서의 거주의 의미와 관련이 있음. 예를 들면, 이 부수가 들어간 글자인 '家(가)'는 '집'이라는 뜻을 가짐.
- 貝(조개 패) : 본래 조개의 모양을 본뜬 것으로 과거 중국에서 조개껍질을 화폐로 사용했기 때문에 이 부수를 따른 글자들은 재물이나 재물을 통한 매매나 거래의 뜻을 가짐. 財(재)는 '재물', 賣(매)는 '팔다'의 뜻.
- 欠(하품 흠) : 사람이 입술을 벌리는 것을 가리키는 글자. 歎(탄 : 탄식, 감탄), 歌(가 : 노래), 飮(음 : 마시다) 등은 모두 입을 벌리는 것에 의해서 가능한 행위들임.

• 부수 학습은 기초 학습으로서 복잡한 한자도 그 의미를 쉽게 파악할 수 있는 방법.

예제

• 부수 글자 '雨'

　雨 ➡ 雲(운 : 구름), 雪(설 : 눈), 霜(상 : 서리), 露(로 : 이슬), 霞(하 : 노을), 霧(무 : 안개)
　'雨'는 하늘에서 비가 내리는 모양을 본뜬 글자. 위는 모두 '비'와 일정한 관계에 있는
　기상(氣象) 관련 한자.

• 부수글자 '斤'

　斤 ➡ 析(석 : 쪼개다), 斷(단 : 자르다)
　'斤'은 본래 나무를 쪼개는 자루 있는 도끼의 모양을 본뜬 글자. 날카로운 도구나 연장,
　또는 그것을 쓰는 행위를 뜻함. 위는 모두 자르거나 쪼개는 것과 관련 있는 한자.

② 한자의 구조 : 육서(六書)

• 육서는 한자의 구조 유형을 분석하는 데에 도움을 줌.
• 육서는 『주례(周禮)』에 처음 나오는 말로 한대(漢代)의 학자들이 한자의 구성과 사용
　방식을 여섯 가지 유형으로 귀납시키고 그것들을 총칭하여 육서라 하였음.
• 육서는 지사(指事), 상형(象形), 형성(形聲), 회의(會意), 전주(轉注), 가차(假借)를 말하
　는데, 이 가운데 지사, 상형, 형성, 회의는 문자 형체의 구조를 가리키고, 전주, 가차는
　문자 사용 방식을 가리킴. 따라서 지사, 상형, 형성, 회의를 통해 구조 유형을 알 수
　있음.

　㉠ 상형(象形) : 물체의 모양을 본떠 그린 것. 가장 기본이 되는 문자임. 日(일), 月(월),
　　人(인), 山(산), 田(전), 水(수), 火(화), 木(목), 魚(어), 鳥(조), 口(구), 牛(우), 目(목),
　　耳(이), 門(문), 子(자), 衣(의) 등 많은 글자가 있음.

　㉡ 지사(指事) : 수(數)나 위치 등 형태가 없는 추상적인 개념을 도형 혹은 부호로 형태
　　화시킨 문자. 上(상), 下(하), 一(일), 二(이), 寸(촌), 本(본), 末(말), 刃(인), 小(소)
　　등 많은 글자가 있음.

　㉢ 형성(形聲) : 이미 독립적으로 쓰이는 한자를 결합하여 만든 문자로 한쪽은 뜻[形]을
　　나타내고 한쪽은 소리[聲]를 나타내는 문자. 예를 들면, 氵(水)와 工(공)이 결합하여
　　江(강)이라는 한자를 만듦. 河(하), 想(상), 燈(등), 固(고) 등 많은 글자가 있음.

㉣ **회의(會意)** : 이미 독립적으로 쓰이는 한자를 결합하여 그들이 가진 의미의 결합으로 새로운 뜻을 나타내는 문자. 예를 들면, 발바닥의 상형으로 '걸어가다'라는 의미를 가진 止(지)와 창 戈(과)를 합하여 '무력' 武(무)를 만듦. 位(위), 初(초), 孫(손), 炙(자), 鳴(명), 析(석), 男(남), 林(림) 등 많은 글자가 있음.

③ 자원(字源)을 통한 의미 파악하기

갑골문(胛骨文), 금문(金文), 소전(小篆)의 자형(字形)과 그 변화를 통해 한자의 의미를 알 수 있음. 특히 100여 년 전에 발굴된 갑골문의 해독과 연구의 성과를 활용할 수 있음.

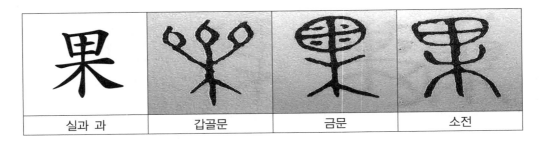

실과 과	갑골문	금문	소전

'果'는 원래 한 그루의 나무에 열매가 주렁주렁 달려 있는 모습을 본뜬 글자임. 이 열매의 모양을 단순화시키고 쓰기 편리하도록 만든 것이 지금의 글자임.

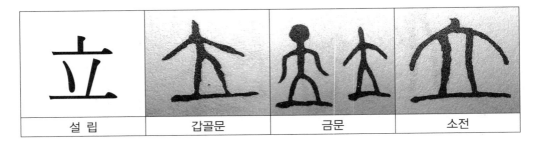

설 립	갑골문	금문	소전

'立'은 땅 위에 사람이 발을 디디고 선 모습을 본뜬 글자로 지금 쓰는 글자에 이 모습이 고스란히 반영되어 있음.

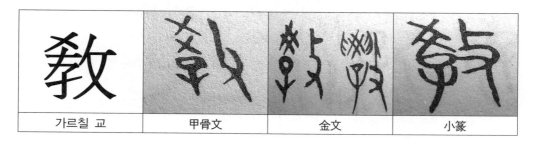

가르칠 교	甲骨文	金文	小篆

'敎'는 매를 들고 셈을 공부하는 어린이를 '가르치는' 모습을 반영한 글자. 왼편의 윗부분은 셈에 쓰이는 나뭇가지이고 왼편의 아랫부분은 어린아이의 모습인 '子'(자). 오른편은 매를 손에 든 모습.

2) 조어 단계

- 학습한 한자들을 배합하여 한자어를 구성하는 단계.
- 조어(造語) 방법
  - 첨가 생성 조어 방법 : 한 글자의 한자가 바탕이 되어 점점 글자가 첨가되면서 한자어가 구성되는 방식.
    예 木 → 材 → 材料 → 材料蒐集 → 材料蒐集活動 → 材料蒐集活動開始
  - 연속 생성 조어 방법 : 앞의 한자와 연관되는 한자어가 연속적으로 생성되어 가는 조어법.
    예 木 → 村 → 村長 → 長官 → 官廳 → 廳舍 → 舍宅 → 宅地 → 地面 → 面談
  - 전후 구성 조어 방법 : 앞뒤에 한자를 보태어 한자어를 만드는 조어법.
    예 大人, 哲人, 美人, 善人 ↔ 人 ↔ 人間(人間關係), 人倫(人倫道德), 人物(人物本位), 人道(人道主義)

3) 적용 단계

조어 단계를 거쳐서 생성된 한자어를 우리 언어생활에 통용하는 단계.

가. 연역적 방법

- 훈음 단계 → 조어 단계 → 적용 단계의 3단계가 연역적으로 학습되는 방법.
- 훈음 단계 : 한자의 음과 뜻을 한자 구조에 근거하여 분석 종합하는 과정에서 인지하게

되는 단계. 예를 들면, 休(휴)자에 대해 사람[人]이 나무[木] 밑에서 쉬고[休] 있는 모양이라는 구조 분석을 통해 '쉴 휴'자가 된 이유를 알 수 있음.

- 조어 단계 : 한자의 뛰어난 조어력을 활용하여 한자어를 생성하는 단계.

예를 들면, '休'자가 다른 한자의 앞뒤에 배합되어 다음과 같이 조어할 수 있음.

> 公休, 連休, 産休 ← 休 → 休日, 休息, 休暇

- 적용 단계 : 학습한 한자를 우리말이나 문장 속에 적용시켜 사고력이나 창의력을 신장시키는 단계.
  예 '公休日인 3月 1日이 月曜日이므로 日曜日과 겹쳐서 연휴가 되었다.'

나. 귀납적 방법

연역적 방법을 역(逆)으로 운영하는 방법. 우리말이나 문장 속에 있는 한자어를 색출하여 분석하고 한자의 구조를 통해서 한자의 음과 뜻을 익혀, 문장 속의 한자와 한자어를 이해하는 방법.

3. 한자의 부수

(1) 부수에 대한 해설

부수(部首)는 변(邊), 머리, 받침으로 나눈다. 이 부수는 그 글자의 뜻을 암시하는 역할을 하기 때문에 매우 중요하다. 그러나 단순한 부수의 암기나 의도적인 부수 명칭에 대한 평가는 바람직하지 않다. 그러므로 가급적 참고 자료의 의미로, 한자 이해의 보조 자료로 사용하는 것이 바람직하다.

(2) 부수의 위치에 따른 부수의 종류와 뜻

1) 변

종 류	이 름	예(例)
冫	이 수 변	冬(겨울,동) 冷(찰,냉) 凄(서늘할,처) 淸(서늘할,청) 凍(얼,동)
氵(水)	삼 수 변	洗(씻을,세) 淸(맑을,청) 江(강,강) 池(연못,지) 流(흐를,류)
亻(人)	인 변	健(건강할,건) 傲(거만할,오) 偶(짝,우) 備(갖출,비) 傅(스승,부)
彳	두 인 변	征(갈,정) 徘(머뭇거릴,배) 往(갈,왕) 從(좇을,종) 徒(걸어다닐,도)
礻(示)	보일 시 변	祀(제사,사) 祉(복,지) 祖(선조,조) 祥(복,상) 祝(빌,축)
王(玉)	구슬 옥 변	珍(보배,진) 珠(구슬,주) 琢(쪼을,탁) 璧(옥,벽) 環(옥/고리,환)
月(肉)	육달 월 변	胸(가슴,흉) 肺(허파,폐) 胃(밥통,위) 腸(창자,장) 股(다리,고)
衤(衣)	옷 의 변	表(겉옷,표) 被(입을,피) 衰(쇠할,쇠) 裏(속,리) 裸(벌거숭이,라)
阝(阜)	언덕 부 변	防(막을,방) 阿(언덕,아) 陋(좁을,루) 隘(좁을,애) 隔(막을,격)
歹	앙상할 알 변	死(죽을,사) 殀(일찍 죽을,요) 殆(위태할,태) 殊(거의 죽을,수)
禾	벼 화 변	穎(이삭,영) 穗(이삭,수) 租(세,조) 稚(어릴,치) 穢(잡초,예)
犭(犬)	개사슴 록 변	狐(여우,호) 狄(오랑캐,적) 猛(사나울,맹) 狗(개,구) 獵(사냥,렵)
片	조각 편 변	版(널,판) 牌(간판,패) 牒(서찰,첩)
足	발 족 변	跡(자취,적) 路(길,로) 踐(밟을,천) 踏(밟을,답) 踪(발자취,종)
釆	분별할 변 변	采(캘,채) 釋(풀,석)
扌(手)	손 수 변	打(칠,타) 技(재주,기) 抑(누를,억) 投(던질,투) 拔(뽑을,발)
牛	소 우 변	牧(목장,목) 牝(암컷,빈) 特(수소,특) 物(만물,물) 犧(희생,희)
忄(心)	심 방 변	快(쾌할,쾌) 性(성품,성) 怯(겁낼,겁) 悅(기쁠,열) 情(정,정)
糸	실 사 변	紀(실마리,기) 約(묶을,약) 細(가늘,세) 終(끝,종) 結(맺을,결)
米	쌀 미 변	粉(가루,분) 粗(거칠,조) 糊(풀,호) 精(찧을,정) 糧(양식,량)

2) 머리

종 류	이 름	예(例)
冖	민갓머리	冠(갓,관) 冡(덮을,몽) 冢(무덤,총) 冥(어두울,명)
宀	갓머리	宅(집,택) 守(지킬,수) 定(정할,정) 室(집,실) 宿(잘,숙)

종 류	이 름	예(例)
++(艸)	초두머리	花(꽃,화) 芽(싹,아) 茂(우거질,무) 落(떨어질,락) 荒(거칠,황)
竹	대죽머리	笛(피리,적) 符(부신,부) 筆(붓,필) 管(피리,관) 節(마디,절)
虍	범호머리	虐(해롭게 할,학) 虜(사로잡을,로) 虎(범,호)
穴	구멍 혈	空(하늘,공) 穿(뚫을,천) 窟(움,굴) 窓(창,창) 窯(가마,요)
襾	덮을 아	要(구할,요) 覆(덮을,부)
雨	비우머리	雪(눈,설) 雲(구름,운) 雷(천둥,뢰) 霜(서리,상) 露(이슬,로)
彑(彐)	돼지머리 계	彙(모을,휘)
爫(爪)	손톱 조	爭(다툴,쟁) 爲(될,위) 爵(벼슬,작)
髟	터럭 발	髮(머리,발)
广	엄호머리	底(밑,저) 店(전방,점) 庫(곳집,고) 廢(닫을,폐) 廳(마을,청)
耂(老)	늙을 로	耆(늙을,기)
亠	머리두	亡(망할,망) 交(사귈,교) 亦(또,역) 亨(형통할,형) 亮(밝을,량)
气	기운 기	氣(기운,기)
戶	지게 호	戾(거스릴,려) 房(곁방,방) 所(바,소) 扉(문짝,비) 扈(넓을,호)
癶	필발머리	癸(헤아릴,계) 登(오를,등) 發(필,발)

3) 방(旁)

종 류	이 름	예(例)
艮	머무를 간	良(어질,량) 艱(어려울,간)
殳	창 수	殺(죽을,살) 毁(헐,훼) 毆(칠,구)
攴(攵)	칠 복	改(고칠,개) 放(내칠,방) 救(구할,구) 敗(패할,패) 敵(원수,적)
欠	하품 흠	次(버금,차) 欣(기뻐할,흔) 歌(노래,가) 歎(한숨쉴,탄) 歡(기쁠,환)
頁	머리 혈	頂(꼭대기,정) 項(목덜미,항) 頭(머리,두) 頸(목,경) 額(이마,액)
刀	칼 도	切(끊을,절) 別(다를,별) 利(날카로울,리) 刻(새길,각) 劍(칼,검)
卩(㔾)	병부 절	印(도장,인) 危(위태로울,위) 卷(두루마리,권) 卿(벼슬,경)
无	없을 무	旣(이미,기)
戈	창 과	戍(지킬,수) 成(이룰,성) 戒(경계할,계) 戰(싸울,전) 戮(죽일,륙)
貝	조개 패	財(재물,재) 貢(공물,공) 貧(가난할,빈) 貨(재화,화) 貪(탐할,탐)

종 류	이 름	예(例)
斤	날 근	斥(물리칠,척) 斬(벨,참) 新(새,신) 斷(끊을,단)
阝(邑)	고을 읍	邦(나라,방) 邱(언덕,구) 郡(고을,군) 都(도읍,도) 鄕(마을,향)
隹	새 추	雀(참새,작) 集(모일,집) 雄(수컷,웅) 雙(쌍,쌍) 雌(암컷,자)
舛	어그러질 천	舜(순임금,순) 舞(춤출,무)
彡	터럭 삼	形(형상,형) 彩(무늬,채) 彫(새길,조) 彰(밝을,창) 影(그림자,영)
斗	말 두	料(되질할,료) 斛(휘-곡식을 되는 그릇의 총칭,곡)
疋	발 소	疏(멀어질,소) 疑(의심할,의)

4) 받침

종 류	이 름	예(例)
皿	그릇 명	盆(동이,분) 益(더할,익) 盛(성할,성) 盤(소반,반) 盞(잔,잔)
灬(火)	불화반침	烈(뜨거울,렬) 無(없을,무) 然(사를,연) 熟(익을,숙) 熱(열,열)
夊	천천히 걸을 쇠	夏(여름,하)
廴	민책받침	延(끌,연) 建(세울,건) 廷(조정,정)
辶(辵)	책받침	迅(빠를,신) 進(나아갈,진) 迎(맞을,영) 途(길,도) 速(빠를,속)
廾	들 공	弁(고깔,변) 弄(희롱할,롱) 弊(해질,폐)
內	발자국 유	禽(짐승,금) 禹(우임금,우)
酉	닭 유	醫(의원,의)
冂	멀 경	冊(책,책) 再(다시,재) 冒(무릅쓸,모)
瓦	기와 와	甕(항아리,옹) 瓷(오지그릇,자)

5) 나머지 부수들

종 류	이 름	예(例)
丨	뚫을 곤	中(가운데,중)
丶	불똥 주	丸(알,환) 丹(붉을,단) 主(등불,주)
丿	삐칠 별	乃(이에,내) 久(오랠,구) 之(갈,지) 乎(그런가,호) 乘(탈,승)
亅	갈고리 궐	了(깨달을,료) 子(줄,여) 事(일,사)

종 류	이 름	예(例)
勹	쌀 포	勺(잔질할,작) 勿(없을,물) 包(쌀,포)
匕	비수 비	化(화할,화) 北(북녘,북)
厶	마늘 모	去(갈,거) 參(석,삼)
屮(屮)	싹날 철	屯(진칠,둔)
巛(川)	내 천	州(고을,주) 巡(돌,순) 巢(깃들,소)
干	방패 간	平(평평할,평) 年(해,년) 幸(다행,행) 幹(줄기,간)
幺	작을 요	幻(변할,환) 幼(어릴,유) 幽(그윽할,유) 幾(빌미,기)
弋	주살 익	式(법,식)
爻	점괘 효	爽(시원할,상) 爾(너,이)

4. 한자의 필순(筆順)

모든 문자는 순서에 의해 그 꼴을 만들어 나가도록 되어있다. 즉 글자의 점(点)과 선(線)을 차례대로 써나가는 순서를 말한다. 한자는 예술성을 가진 글자이다. 그러므로 일정한 순서에 따라 글자의 모양을 만들어 가면 신속하면서도 모양 좋은 방괴자(方塊字)를 만들어 갈 수 있다. 한자의 필순에는 일정한 법칙이 있다. 또한 예외의 글자도 적지 않다. 먼저 기본 필획(筆劃)과 쓰는 순서의 원칙을 살펴보면 다음과 같다.

문자 형성의 기본 원칙

한자 명칭	點(점)	횡(橫)	竪(수)	撇(별)	捺(날)	挑(도)	竪鉤(수구)
한글 뜻	점	건너그음	내리그음	삐침	파임	삐쳐올림	갈고리내림
필 획	＼	一	｜	／	＼	✓	亅

① 가로에서 세로를 긋는다.(先橫後竪) ; 州(주, 고을)
② 삐침을 먼저 긋고 파임을 뒤에 긋는다.(先撇後捺) ; 大(대, 크다)
③ 위쪽에서 아래로 내려쓴다.(從上到下) ; 多(다, 많다)
④ 밖에서 안으로 쓴다.(從外到內) ; 月(월, 달)

⑤ 둘러싼 글자는 안의 획을 다 쓴 후에 밖을 막는다.(先裹頭後封口) ; 國(국, 나라)

⑥ 중앙을 먼저 긋고 뒤에 양쪽 획을 긋는다.(先中間後兩邊) 水(수, 물)

⑦ 글자의 중앙을 내리 긋거나 가로 지르는 획은 나중에 쓴다. 中(중, 가운데)

⑧ 글자를 가로 지르는 획은 나중에 쓴다. 冊(책, 책)

⑨ 오른쪽 위의 점은 나중에 찍는다. 犬(견, 개)

⑩ 책 받침은 나중에 쓴다. 道(도, 길)

제2부

글씨 쓰기 지도의 실제

글씨 쓰기 지도 요소 Ⅰ

(1) 주요 내용 읽어 보기

	[	글	씨	쓰	기		지	도		요	소	Ⅰ	]
	●	바	른		자	세						
	①	연	필		바	르	게		잡	기	:	연	필	을		엄	지	손	가
락	과		집	게	손	가	락	으	로		살	짝		잡	고		가	운	뎃
손	가	락	으	로		받	쳐	준	다	.	연	필	대	를		비	스	듬	히
세	우	고		적	당	히		힘	을		주	어		쓴	다	.
	②	바	른		자	세	로		앉	아	서		쓰	기	:	허	리	를
곧	게		펴	고		되	도	록		의	자		깊	숙	이		앉	으	며
두		발	은		바	닥	에		둔	다	.
	●	기	본		글	자
	①	자	음	자
	ㄱ	(	기	역	)	,	ㄴ	(	니	은	)	,	ㄷ	(	디	귿	)
	ㄹ	(	리	을	)	,	ㅁ	(	미	음	)	,	ㅂ	(	비	읍	)
	ㅅ	(	시	옷	)	,	ㅇ	(	이	응	)	,	ㅈ	(	지	읒	)
	ㅊ	(	치	읓	)	,	ㅋ	(	키	읔	)	,	ㅌ	(	티	읕	)
	ㅍ	(	피	읖	)	,	ㅎ	(	히	읗	)
	②	모	음	자

ㅏ (아), ㅑ (야), ㅓ (어), ㅕ (여)

ㅗ (오), ㅛ (요), ㅜ (우), ㅠ (유)

ㅡ (으), ㅣ (이)

※ 위의 자모로써 적을 수 없는 소리는 두 개 이상의 자모를 어울러서 적되, 그 순서와 이름은 다음과 같이 정한다 (한글맞춤법 제2장, 붙임1).

자음 : ㄲ (쌍기역), ㄸ (쌍디귿) ㅃ (쌍비읍), ㅆ (쌍시옷) ㅉ (쌍지읒)

모음 : ㅐ (애), ㅒ (얘), ㅔ (에), ㅖ (예), ㅘ (와), ㅙ (왜), ㅚ (외), ㅝ (워), ㅞ (웨), ㅟ (위), ㅢ (의)

※ 사전의 자모 순서는 다음과 같이 정한다 (한글맞춤법 제2장, 붙임2).

자음 : ㄱ, ㄲ, ㄴ, ㄷ, ㄸ, ㄹ, ㅁ, ㅂ, ㅃ, ㅅ, ㅆ, ㅇ, ㅈ, ㅉ, ㅊ, ㅋ, ㅌ, ㅍ, ㅎ

모음 : ㅏ, ㅐ, ㅑ, ㅒ, ㅓ, ㅔ, ㅕ, ㅖ, ㅗ, ㅘ, ㅙ, ㅚ, ㅛ, ㅜ, ㅝ, ㅞ, ㅟ, ㅠ, ㅡ, ㅢ, ㅣ

③ 글자의 획순 : 낱글자를 쓸 때에는 낱글자를 이루는 가로획과 세로획의 정확한 순서에 따라서 쓴다.

(2) 주요 내용 써 보기

	[	글	씨	쓰	기		지	도		요	소	I	]	
	●	바	른		자	세								
	①	연	필		바	르	게		잡	기	:	연	필	을
엄	지	손	가	락	과		집	게	손	가	락	으	로	
살	짝		잡	고		가	운	뎃	손	가	락	으	로	
받	쳐	준	다	.	연	필	대	를		비	스	듬	히	
세	우	고		적	당	히		힘	을		주	어		쓴
다	.													

② 바른 자세로 앉아서 쓰기

: 허리를 곧게 펴고 되도록

의자 깊숙이 앉으며 두 발은

바닥에 둔다.

● 기본 글자

① 자음자

ㄱ (기역), ㄴ (니은),

ㄷ (디귿), ㄹ (리을),

ㅁ (미음), ㅂ (비읍),

ㅅ (시옷), ㅇ (이응),

ㅈ (지읒), ㅊ (치읓),

ㅋ (키읔), ㅌ (티읕),

ㅍ (피읖), ㅎ (히읗)

② 모음자

ㅏ (아), ㅑ (야), ㅓ (어)

ㅕ (여), ㅗ (오), ㅛ (요)

ㅜ (우), ㅠ (유), ㅡ (으)

ㅣ (이)

※ 위의 자모로써 적을 수
없는 소리는 두 개 이상의
자모를 어울러서 적되, 그 순
서와 이름은 다음과 같이 정
한다(한글맞춤법 제2장, 붙임
1).

　자음: ㄲ(쌍기역), ㄸ(쌍디
귿), ㅃ(쌍비읍), ㅆ(쌍시
옷), ㅉ(쌍지읒)

모음 : ㅐ (애) , ㅒ (얘) ,

ㅔ (에) , ㅖ (예) , ㅘ (와)

ㅙ (왜) , ㅚ (외) , ㅝ (워)

ㅞ (웨) , ㅟ (위) , ㅢ (의)

※ 사전의 자모 순서는 다음

과 같이 정한다 (한글맞춤법

제 2 장 , 붙임 2) .

자음 : ㄱ , ㄲ , ㄴ , ㄷ , ㄸ ,

ㄹ , ㅁ , ㅂ , ㅃ , ㅅ , ㅆ , ㅇ ,

ㅈ, ㅉ, ㅊ, ㅋ, ㅌ, ㅍ, ㅎ

모음 : ㅏ, ㅐ, ㅑ, ㅒ, ㅓ,

ㅔ, ㅕ, ㅖ, ㅗ, ㅘ, ㅙ, ㅚ,

ㅛ, ㅜ, ㅝ, ㅞ, ㅟ, ㅠ, ㅡ,

ㅢ, ㅣ

③ 글자의 획순 : 낱글자를 쓸

때에는 낱글자를 이루는 가로

획과 세로획의 정확한 순서에

따라서 쓴다.

(3) 한자어 써 보기

價格	價 格	價 格	價 格
값 가 / 격식 격			

各別	各 別	各 別	各 別
각기 각 / 나눌 별			

角度	角 度	角 度	角 度
뿔 각 / 법도 도			

間隔	間 隔	間 隔	間 隔
사이 간 / 사이뜰 격			

強國	強 國	強 國	強 國
굳셀 강 / 나라 국			

開閉	開 閉	開 閉	開 閉
열 개 / 닫을 폐			

(4) 고사성어 써 보기

甘	言	利	說	甘	言	利	說
甘	言	利	說	甘	言	利	說

牽	強	附	會	牽	強	附	會
牽	強	附	會	牽	強	附	會

글씨 쓰기 지도 요소 Ⅱ

(1) 주요 내용 읽어 보기

	[	글	씨	쓰	기		지	도		요	소	Ⅱ	]		
	●	모	아	쓰	기	:	한	글	의		자	음	자	와		모	음	자	를
'	음	절	'		단	위	로		조	합	하	여		표	기	하	는		방
식	이	다	.												
	●	음	절	:	음	절	은		한	국	어		발	음	의		기	본
단	위	이	다	.		모	음	을		중	심	으	로		모	음		앞	뒤	에
하	나		이	상	의		자	음	이		결	합	하	여		만	들	어	진
다	.	음	절	의		받	침		자	리	에	는		모	든		자	음	자
를		쓸		수		있	지	만		받	침		자	리	에	서		소	리
로		나	는		것	은		'	기	역	,	니	은	,	디	귿	,	리	을
미	음	,	비	읍	,	이	응	'	과		같	은		일	곱		개	의
자	음	뿐	이	다	.	예	를		들	어		'	꽃	'	은		[	꼳	]
으	로		발	음	이		난	다	.	즉		받	침	에		치	읓	으	로
쓰	지	만		디	귿		소	리	로		발	음	하	는		것	이	다	.
	●	음	절		글	자	의		모	양	:	낱	글	자	인		자	음	자
는		음	절	로		모	아		쓸		때		놓	이	는		위	치	에

따라서 다른 모양으로 써야 한다. 예를 들어 ㄱ(기역)은 음절에 따라 '가', '고', '국', 과 같이 다른 모양으로 써야 하는 것이다.

(2) 주요 내용 써 보기

	[	글	씨	쓰	기		지	도		요	소 Ⅱ	]
	●	모	아	쓰	기	:	한	글	의		자	음	자	와
모	음	자	를		'	음	절	'		단	위	로		조
합	하	여		표	기	하	는		방	식	이	다	.
	●	음	절	:	음	절	은		한	국	어		발	음
의		기	본		단	위	이	다	.	모	음	을		중
심	으	로		모	음		앞	뒤	에		하	나		이
상	의		자	음	이		결	합	하	여		만	들	어

진다. 음절의 받침 자리에는

모든 자음자를 쓸 수 있지만

받침 자리에서 소리로 나는

것은 '기역, 니은, 디귿, 리을,

미음, 비읍, 이응'과 같은 일

곱 개의 자음뿐이다. 예를 들

어 '꽃'은 [꼳]으로 발음

이 난다. 즉 받침에 치읓으로

쓰지만 디귿 소리로 발음하는

것이다.

  ● 음절 글자의 모양 : 낱글자

인 자음자는 음절로 모아 쓸

때 놓이는 위치에 따라서 다

른 모양으로 써야 한다. 예를

들어 ㄱ(기역)은 음절에 따

라 '가', '고', '국', 과

같이 다른 모양으로 써야 하

는 것이다.

(3) 한자어 써 보기

考 慮		考	慮	考	慮	考	慮
상고할 고	생각할 려						

高 空		高	空	高	空	高	空
높을 고	빌 공						

曲 線		曲	線	曲	線	曲	線
굽을 곡	줄 선						

功 勞		功	勞	功	勞	功	勞
공 공	일할 노						

工 作		工	作	工	作	工	作
장인 공	지을 작						

空 閭		空	閭	空	閭	空	閭
빌 공	이문 여						

(4) 고사성어 써 보기

① 결자해지(結者解之) : 일을 저지른 사람이 그 일을 해결(解決)해야 한다.
② 고립무원(孤立無援) : 외톨이로 도움을 받을 데가 없음.

結	者	解	之	結	者	解	之
結	者	解	之	結	者	解	之

孤	立	無	援	孤	立	無	援
孤	立	無	援	孤	立	無	援

한글 표기법의 원리

(1) 주요 내용 읽어 보기

	[	한	글		표	기	법	의		원	리	]		
	한	글		문	자	를		사	용	하	여		국	어	를		표	기	할
때	는		'	한	글		맞	춤	법	'	의		원	칙	을		따	른	다	.
한	글		맞	춤	법	은		'	표	준	어	를		소	리	대	로		적
되	,	어	법	에		맞	도	록		함	'	을		원	칙	으	로		한
다	.	따	라	서		'	구	름	'	이	라	는		표	준	어		단	어
는		[	구	름	]	이	라	고		나	는		소	리	를		그	대	로
적	는	다	.	그	런	데		표	준	어	를		소	리	대	로		적	는
원	칙	만	을		적	용	하	기		어	려	운		경	우	가		있	다	.
	예	)	꽃	이	[	꼬	치	]							
		꽃	나	무	[	꼰	나	무	]						
		꽃	과	[	꼳	꽈	]								
	위	의		예	에	서		'	꽃	'	을		소	리	나	는		대
로		적	으	면		모	두		다	른		형	태	로		적	어	야
한	다	.	그	러	면		그		단	어	의		뜻	이		바	로		이
해	되	기		어	렵	고		독	서	의		능	률	이		크	게		저

하되는 것이다. 따라서 소리대로 적는 것에 더하여 어법에 맞도록 적는 원칙까지 모두 적용해야 한다. 어법에 맞도록 적는 것은 각 형태소가 지닌 뜻이 분명히 드러나도록 원래의 형태, 즉 원형을 밝혀 적는 것이다.

이렇게 한글 표기법에서는 소리대로 적으면서도 어법에 맞게 적어야 하는 경우도 많아서 '소리와 표기가 달라지는 현상'이 빈번하게 발생한다. 발음을 할 때 연음이 되고 음운변동이 일어나지만 어법에 맞도록 원형을 밝혀 적으면 그 단어의 소리와 표기는 차이를 지닐 수밖에 없다. 예를 들어 '웃음'이라고 쓰지만 발음은 연음된 [우슴]으로 나고 '햇볕'으로 쓰지만 [핻뼏]으로 발음한다. '국수'로 쓰면서 [국쑤]로 발음하는 경우나 '해돋이'로 쓰면서 [해도지]로 발음하는 경우 등을 예로 들 수 있다.

(2) 주요 내용 써 보기

　　[　한　글　　　표　기　법　의　　　원　리　]

　　　한　글　　　문　자　를　　　사　용　하　여　　　국　어

를　　　표　기　할　　　때　는　　　'　한　글　맞　춤　법　'

의　　　원　칙　을　　　따　른　다　.　　한　글　맞　춤　법

은　　　'　표　준　어　를　　　소　리　대　로　　　적　되　,

어　법　에　　　맞　도　록　　　함　'　을　　　원　칙　으

로　　　한　다　.　　따　라　서　　　'　구　름　'　이　라

는　　　표　준　어　　　단　어　는　　　[　구　름　]　이

라고 나는 소리를 그대로 적

는다. 그런데 표준어를 소리대

로 적는 원칙만을 적용하기

어려운 경우가 있다.

　예) 꽃이 [꼬치]

　　　꽃나무 [꼰나무]

　　　꽃과 [꼳꽈]

　위의 예에서 '꽃'을 소리

나는 대로 적으면 모두 다른

형태로 적어야 한다. 그러면

그 단어의 뜻이 바로 이해되

기 어렵고 독서의 능률이 크

게 저하되는 것이다. 따라서

소리대로 적는 것에 더하여

어법에 맞도록 적는 원칙까지

모두 적용해야 한다. 어법에

맞도록 적는 것은 각 형태소

가 지닌 뜻이 분명히 드러나

도록　원래의　형태,　즉　원형을
밝혀　적는　것이다.
　이렇게　한글　표기법에서는
소리대로　적으면서도　어법에
맞게　적어야　하는　경우도　많
아서　'소리와　표기가　달라지
는　현상'이　빈번하게　발생한
다.　발음을　할　때　연음이　되
고　음운변동이　일어나지만　어

법에 맞도록 원형을 밝혀 적

으면 그 단어의 소리와 표기

는 차이를 지닐 수밖에 없다.

예를 들어 '웃음'이라고 쓰

지만 발음은 연음된 [우슴]

으로 나고 '햇볕'으로 쓰지

만 [핻뼏]으로 발음한다.

'국수'로 쓰면서 [국쑤]로

발음하는 경우나 '해돋이'로

쓰	면	서		[	해	도	지	]	로		발	음	하	는
경	우		등	을		예	로		들		수		있	다 .

(3) 한자어 써 보기

急	流	急	流	急	流	急	流
급할 급	흐를 류						

學	級	學	級	學	級	學	級
배울 학	등급 급						

供	給	供	給	供	給	供	給
이바지할 공	줄 급						

基	調	基	調	基	調	基	調
터 기	고를 조						

期	限	期	限	期	限	期	限
기약할 기	한계 한						

氣	魄	氣	魄	氣	魄	氣	魄
기운 기	넋 백						

(4) 고사성어 써 보기

① 과유불급(過猶不及) : 정도를 지나친 것은 도리어 미치지 못한 것과 같다는 말.
② 괄목상대(刮目相對) : 눈을 비비고 다시 본다는 뜻. 곧, 남의 학식이나 재주가 전에
　비하여 부쩍 는 것을 일컫는 말.

過	猶	不	及	過	猶	不	及
過	猶	不	及	過	猶	不	及

刮	目	相	對	刮	目	相	對
刮	目	相	對	刮	目	相	對

한자어의 이해

(1) 주요 내용 읽어 보기

	[	한	자	어	의		이	해	]					
	국	어	의		어	휘	는		그		기	원	에		따	라		세
종	류	로		나	눌		수		있	다	.	본	래	부	터		국	어	에
있	었	던		어	휘	로	서		'	고	유	어	(| 토 | 박 | 이 | 말 |)	'
가		있	고		외	국	의		언	어	에	서		들	어	와		국	어
의		일	원	이		된		'	한	자	어	'	와		'	외	래	어	'
가		있	다	.	한	자	어	는		'	한	자	로		쓰	고		한	국
한	자	음	으	로		읽	는	'		국	어	의		어	휘	이	다	.
	●	한	자	어	와		외	래	어					
	학	교	學	校	는		한	자	어	,	라	조	기	辣	椒	鷄	는		외
래	어	이	다	.	라	조	기	는		한	자	로		쓸		수		있	지
만		한	국		한	자	음	으	로		읽	지		않	고		중	국	어
발	음	이		토	착	화	된		것	이	기		때	문	이	다	.
	●	한	자	어	와		귀	화	어					
	명	함	名	衝	은		한	자	어	,	감	자	(| 감 | 저 | 甘 | 藷 |)	는
귀	화	어	이	다	.	감	자	는		예	전	에		한	자	어	였	지	만

발	음	이		바	꿔	면	서		한	자	어		인	식	이		완	전	히
사	라	진		것	이	다	.		'	표	준	국	어	대	사	전	'	에	도
고	유	어	처	럼		기	술	되	어		있	다	.						

(2) 주요 내용 써 보기

[한자어의 이해]

　국어의 어휘는 그 기원에 따라 세 종류로 나눌 수 있다. 본래부터 국어에 있었던 어휘로서 '고유어(토박이말)'가 있고 외국의 언어에서 들어와 국어의 일원이 된 '한자어'와 '외래어'가 있다.

한자어는   '한자로   쓰고   한국

한자음으로   읽는'   국어의   어

휘이다.

● 한자어와   외래어

학교學校는   한자어,   라조기辣

椒鷄는   외래어이다.   라조기는

한자로   쓸   수   있지만   한국

한자음으로   읽지   않고   중국어

발음이   토착화된   것이기   때문

이다.

  ● 한자어와 귀화어

  명함名銜은 한자어, 감자(감

저甘藷)는 귀화어이다. 감자는

예전에 한자어였지만 발음이

바뀌면서 한자어 인식이 완전

히 사라진 것이다. '표준국어

대사전'에도 고유어처럼 기술

되어 있다.

(3) 한자어 써 보기

落 島		落	島	落	島	落	島
떨어질 낙(락)	섬 도						

態 度		態	度	態	度	態	度
모양 태	법도 도						

都 邑		都	邑	都	邑	都	邑
도읍 도	고을 읍						

獨 立		獨	立	獨	立	獨	立
홀로 독	설 립						

讀 經		讀	經	讀	經	讀	經
읽을 독	날 경						

冬 眠		冬	眠	冬	眠	冬	眠
겨울 동	잠잘 면						

(4) 고사성어 써 보기

① 군계일학(群鷄一鶴) : 평범(平凡)한 사람들 가운데 있는 뛰어난 한 사람.
② 금지옥엽(金枝玉葉) : 매우 귀한 집의 자손. 가장 귀중한 물건.

群	鷄	一	鶴	群	鷄	一	鶴
群	鷄	一	鶴	群	鷄	一	鶴

金	枝	玉	葉	金	枝	玉	葉
金	枝	玉	葉	金	枝	玉	葉

한자어와 두음법칙

(1) 주요 내용 읽어 보기

	[	한	자	어	와		두	음	법	칙	]						
	국	어	의		어	문	규	범		중		특	히		한	자	어	에
적	용	되	는		것	으	로		'	두	음	법	칙	'	이		있	다	.
두	음	법	칙	은		한	자	어		어	두	에	서		발	음	하	기
어	려	운		음	절	의		발	음	과		표	기	에		관	한		것
으	로		'	녀	,	뇨	,	뉴	,	니	'	와		'	랴	,	려	,	례	,
료	,	류	,	리	'		그	리	고		'	라	,	래	,	로	,	뢰	,
루	,	르	'	에		적	용	된	다	.	이	들	은		다	음	과		같
이		발	음	하	고		쓴	다	.
	●	녀	,	뇨	,	뉴	,	니
	한	자	음		'	녀	,	뇨	,	뉴	,	니	'	가		단	어		첫
머	리	에		올		때	는		두	음	법	칙	에		따	라		'	여	,
요	,	유	,	이	'	로		적	는	다	.
	예	)	여	자	女	子	,	요	소	尿	素	,	유	대	紐	帶	,	익	명
匿	名
	●	라	,	려	,	례	,	료	,	류	,	리

한자음 '라, 려, 레, 료, 류, 리'가 단어의 첫머리에 올 때는 두음법칙에 따라 '야, 여, 예, 요, 유, 이'로 적는다.

예) 양심良心, 역사歷史, 예의禮儀, 용궁龍宮, 유행流行, 이발理髮

※ 다만, 모음이나 'ㄴ' 받침 뒤에 결합되는 '렬', '률'은 어두가 아니라도 두음법칙을 적용하여 '열', '율'로 적는다.

예) 나열羅列, 비율比率

● 라, 래, 로, 뢰, 루, 르

한자음 '라, 래, 로, 뢰, 루, 르'가 단어의 첫머리에 올 때는 두음법칙에 따라 '나, 내, 노, 뇌, 누, 느'로 적는다.

예) 낙원樂園, 내일來日, 노인老人, 뇌성雷聲, 누각樓閣, 능묘陵墓

(2) 주요 내용 써 보기

　　[　한　자　어　와　　　두　음　법　칙　]

　　국　어　의　　　어　문　규　법　　　중　　　특　히

한　자　어　에　　　적　용　되　는　　　것　으　로

'　두　음　법　칙　'　이　　　있　다　.　두　음　법　칙

은　　　한　자　어　　　어　두　에　서　　　발　음　하　기

어　려　운　　　음　절　의　　　발　음　과　　　표　기　에

관　한　　　것　으　로　　　'　녀　,　　뇨　,　　뉴　,　　니　'

와　　　'　랴　,　　려　,　　례　,　　료　,　　류　,　　리　'

그리고 '라, 래, 로, 뢰, 루,

르'에 적용된다. 이들은 다음

과 같이 발음하고 쓴다.

● 녀, 뇨, 뉴, 니

　한자음 '녀, 뇨, 뉴, 니'가

단어 첫머리에 올 때는 두음

법칙에 따라 '여, 요, 유, 이'

로 적는다.

　예) 여자女子, 요소尿素, 유대

紐帶, 익명匿名

　●라, 려, 레, 료, 류, 리

　한자음　'라, 려, 레, 료, 류,
리'가　단어의　첫머리에　올
때는　두음법칙에　따라　'야,
여, 예, 요, 유, 이'로　적는다.

　예)양심良心,　역사歷史,　예의
禮儀,　용궁龍宮,　유행流行,　이발
理髮

※　다만，　　모음이나　　‘ㄴ’

반침　　뒤에　　결합되는　　‘렬’，

‘률’은　　어두가　　아니라도　　두

음법칙을　　적용하여　　‘열’，

‘율’로　　적는다.

　예)　나열羅列，　비율比率

　●　라，　래，　로，　뢰，　루，　르

　한자음　‘라，　래，　로，　뢰，　루，

르’가　　단어의　　첫머리에　　올

때는　두음법칙에　따라　'나,

내,　노,　뇌,　누,　느'로　적는다.

예)　낙원樂園,　내일來日,　노인

老人,　뇌성雷聲,　누각樓閣,　능묘

陵墓

(3) 한자어 써 보기

利	益	利	益	利	益	利	益		
이로울 이(리)	더할 익								

理	論	理	論	理	論	理	論		
다스릴 이(리)	말할 론								

里	長	里	長	里	長	里	長		
마을 이(리)	길 장								

林	野	林	野	林	野	林	野		
수풀 임(림)	들 야								

萬	感	萬	感	萬	感	萬	感		
일만 만	느낄 감								

末	端	末	端	末	端	末	端		
끝 말	끝 단								

(4) 고사성어 써 보기

① 마이동풍(馬耳東風) : 남의 말을 귀담아 듣지 않고 흘려버리는 것을 말함.
② 반포지효(反哺之孝) : 자식이 자라서 부모를 봉양하는 것.

馬	耳	東	風	馬	耳	東	風
馬	耳	東	風	馬	耳	東	風

反	哺	之	孝	反	哺	之	孝
反	哺	之	孝	反	哺	之	孝

표준어의 이해

(1) 주요 내용 읽어 보기

> [표준어의 이해]
>
> 표준어는 국어 어문규범 중 하나인 '표준어 규정'에서 다음과 같이 정하고 있다. "교양 있는 사람들이 두루 쓰는 현대 서울말로 정함을 원칙으로 한다. 외래어는 따로 사정한다."
>
> 이는 사람들이 흔히 쓰는 어휘들 중 무엇이 표준어의 지위를 가질 수 있는지를 심의하여 정하는 원칙이 된다. 표준어는 본래부터 옳은 말, 아름다운 말을 의미하는 것이라기보다는 한 나라에서 공용어로 쓰기 위해 정해 놓은 규범 언어의 성격을 지닌다. 온 국민이 함께 사용할 공통어를 정하는, 일종의 '언어 표준화'의 산물이라고 할 수 있는 것이다. 한국어의 발음 변화나 어

휘 선택의 변화를 반영한 표준어 심의가 계속되고 있으며, 지난 2014년에는 '개기다'나 '꼬시다'도 기존의 '개개다', '꾀다'에 더하여 표준어로 새롭게 인정되었다. 표준어 어휘들은 표준어 규정집이나 '표준국어대사전'을 통해 확인할 수 있다. 언론, 교육, 격식적인 상황 등에서 특히 요구된다.

(2) 주요 내용 써 보기

　　　[표 준 어 의 　 이 해]

　　　표 준 어 는 　 국 어 　 어 문 규 범 　 중
하 나 인 　 ' 표 준 어 　 규 정 ' 에 서
다 음 과 　 같 이 　 정 하 고 　 있 다 .

" 교 양 　 있 는 　 사 람 들 이 　 두 루
쓰 는 　 현 대 　 서 울 말 로 　 정 함 을
원 칙 으 로 　 한 다 . 외 래 어 는 　 따 로
사 정 한 다 . "

이는 사람들이 흔히 쓰는 어휘들 중 무엇이 표준어의 지위를 가질 수 있는지를 심의하여 정하는 원칙이 된다.

표준어는 본래부터 옳은 말, 아름다운 말을 의미하는 것이라기보다는 한 나라에서 공용어로 쓰기 위해 정해 놓은 규범 언어의 성격을 지닌다.

온 국민이 함께 사용할 공통
어를 정하는, 일종의 '언어
표준화'의 산물이라고 할 수
있는 것이다. 한국어의 발음
변화나 어휘 선택의 변화를
반영한 표준어 심의가 계속되
고 있으며, 지난 2014년에는
'개기다'나 '꼬시다'도 기
존의 '개개다', '꾀다'에

더하여 표준어로 새롭게 인정
되었다. 표준어 어휘들은 표준
어 규정집이나 '표준국어대사
전'을 통해 확인할 수 있다.
언론, 교육, 격식적인 상황 등
에서 특히 요구된다.

(3) 한자어 써 보기

反	對	反	對	反	對	反	對
되돌릴 반	대답할 대						

老	練	老	練	老	練	老	練
늙을 노(로)	익힐 련						

進	路	進	路	進	路	進	路
나아갈 진	길 로						

班	長	班	長	班	長	班	長
나눌 반	길 장						

發	射	發	射	發	射	發	射
필 발	쏠 사						

倍	率	倍	率	倍	率	倍	率
곱 배	비율 율						

(4) 고사성어 써 보기

① 사면초가(四面楚歌) : 사방이 적으로 둘러싸인 고립무원(孤立無援)의 상태.
② 사시춘풍(四時春風) : 언제나 누구에게나 좋은 낯으로 대하고 무사태평한 사람을 뜻함.

四	面	楚	歌	四	面	楚	歌
四	面	楚	歌	四	面	楚	歌

四	時	春	風	四	時	春	風
四	時	春	風	四	時	春	風

띄어쓰기 Ⅰ

(1) 주요 내용 읽어 보기

	[	띄	어	쓰	기	Ⅰ	]										
	한	글		맞	춤	법		제	1	장		총	칙	의		제	2	항	에
서		'	문	장	의		각		단	어	는		띄	어		씀	을		원
칙	으	로		한	다	'	고		정	하	고		있	다	.		제	5	장	의
띄	어	쓰	기		규	정	에	서	는		조	사	,		의	존		명	사	,
단	위	를		나	타	내	는		말	,		열	거	하	는		말	,		보	조
용	언	,		고	유		명	사	,		전	문		용	어	와		관	련	된
띄	어	쓰	기		원	칙	을		정	하	고		있	다	.					
	●	띄	어	쓰	기	의		어	려	움									
	말	을		할		때	의		발	음	이	나		쉼	의		단	위	와
는		다	른		'	단	어	'	를		인	식	하	고		구	별	해	야
한	다	.																	
	1	)	조	사	와		의	존	명	사		구	분		문	제	:	체	언
에		붙	는		조	사	와		형	태	가		같	은		의	존		명
사	를		구	분	해	서		띄	어	쓰	기	를		해	야		한	다	.
예	)	이	제		믿	을		것	은		오	직		실	력	뿐	이	다	.

예) 나는 그저 웃고 있을 뿐이었다.

예) 이 경우에 나는 법대로 하겠다.

예) 아는 대로 말해도 믿지 않는구나.

예) 나도 너만큼은 일한다.

예) 애쓴 만큼 좋은 점수를 받을 수 있을 것이다.

　　2) 의존명사와 어미 구분 문제 : 의존명사와 형태가 동일한 활용 어미를 구분해서 띄어쓰기를 해야 한다.

예) 인문관 강의실이 큰지 작은지 전혀 모르겠다.

예) 은행에 간 지 한 시간 만에 돌아왔다.

(2) 주요 내용 써 보기

　　　　[띄어쓰기 I]

　　한글　맞춤법　제 1 장　총칙의

제 2 항에서　　'문장의　각　단어

는　띄어　씀을　원칙으로　한다 '

고　정하고　있다. 제 5 장의　띄

어쓰기　규정에서는　조사, 의존

명사, 단위를　나타내는　말, 열

거하는　말, 보조　용언, 고유

명사, 전문 용어와 관련된 띄어쓰기 원칙을 정하고 있다.

　● 띄어쓰기의 어려움

　말을 할 때의 발음이나 쉼의 단위와는 다른 '단어'를 인식하고 구별해야 한다.

　1) 조사와 의존명사 구분

문제 : 체언에 붙는 조사와 형태가 같은 의존 명사를 구분

해서 띄어쓰기를 해야 한다.

예) 이제 믿을 것은 오직 실

력뿐이다.

예) 나는 그저 웃고 있을 뿐

이었다.

예) 이 경우에 나는 법대로

하겠다.

예) 아는 대로 말해도 믿지

않는구나.

예) 나도 너만큼은 일한다.

예) 애쓴 만큼 좋은 점수를

받을 수 있을 것이다.

2) 의존명사와 어미 구분

문제: 의존명사와 형태가 동일

한 활용 어미를 구분해서 띄

어쓰기를 해야 한다.

예) 인문관 강의실이 큰지 작

은지 전혀 모르겠다.

예	)	은	행	에		간		지		한		시	간	
만	에		돌	아	왔	다	.							

(3) 한자어 써 보기

調 査		調	査	調	査	調	査
고를 조 / 사실할 사							

死 亡		死	亡	死	亡	死	亡
죽을 사 / 망할 망							

社 長		社	長	社	長	社	長
토지의 신 사 / 길 장							

山 脈		山	脈	山	脈	山	脈
뫼 산 / 줄기 맥							

産 業		産	業	産	業		
낳을 산 / 업 업							

算 術		算	術	算	術	算	術
셀 산 / 꾀 술							

(4) 고사성어 써 보기

① 설상가설(雪上加雪) : 엎친데 덮침.
② 역지사지(易地思之) : 상대방의 처지에서 생각해 봄.

雪	上	加	雪	雪	上	加	雪
雪	上	加	雪	雪	上	加	雪

易	地	思	之	易	地	思	之
易	地	思	之	易	地	思	之

띄어쓰기 Ⅱ

(1) 주요 내용 읽어 보기

	[	띄	어	쓰	기	Ⅱ	]							
	1	)	단	위	를		나	타	내	는		말		
단	위	를		나	타	내	는		의	존	명	사	는	그	앞	의
수	관	형	사	와		띄	어		쓴	다	.	'	개	,	대	,	돈	,	마
리	,	벌	,	살	,	손	,	자	루	,	죽	,	채	,	켤	레	,	쾌	'
등	은		단	위	를		나	타	내	는		의	존	명	사	여	서	앞
말	과		띄	어		쓴	다	.						
	예	)	한		개	,	차		한		대	,	금		서		돈	
	예	)	소		한		마	리	,	옷		한		벌	,	열		살
	예	)	조	기		한		손	,	연	필		한		자	루	
	예	)	버	선		한		죽	,	집		한		채		
	예	)	신		두		켤	레	,	북	어		한		쾌	
	2	)	보	조		용	언		문	제				
	본	용	언	에		이	어	져		뜻	을		더	하	는		보	조
형	용	사	와		보	조		동	사	의		경	우	는		띄	어	씀
을		원	칙	으	로		하	지	만		붙	여		쓰	는		것	도

허용된다.

　예) 내　힘으로　막아　내다 / 막아내다.

　예) 비가　올　듯하다 / 올듯하다.

　예) 그　일은　할　만하다 / 할만하다.

　예) 일이　될　법하다 / 될법하다.

3) 고유　명사　및　전문　용어

성과　이름, 성과　호　등은　붙여　쓰고

이에　덧붙는　호칭어, 관직명　등은　띄어

쓴다.

　예) 김양수 / 채영신　씨 / 박동식　박사

성명　이외의　고유　명사는　단어별로

띄어　씀을　원칙으로　하되, 단위별로　띄

어　쓸　수　있다.

　예) 서울　대학교　사범　대학　부속　고

등　학교 / 서울대학교　사범대학　부속고등

학교

　전문　용어는　단어별로　띄어　씀을　원

칙으로　하되, 붙여　쓸　수　있다.

　예) 급성　복막염 / 급성복막염

　예) 탄소　동화　작용 / 탄소동화작용

(2) 주요 내용 써 보기

```
    [ 띄 어 쓰 기 Ⅱ ]

    1 ) 단 위 를    나 타 내 는    말

    단 위 를    나 타 내 는    의 존 명 사 는

그    앞 의    수 관 형 사 와    띄 어    쓴

다 .    ' 개 ,   대 ,   돈 ,   마 리 ,   벌 ,   살 ,

손 ,   자 루 ,   죽 ,   채 ,   켤 레 ,   쾌 '   등

은    단 위 를    나 타 내 는    의 존 명 사

여 서    앞 말 과    띄 어    쓴 다 .
```

예) 한 개, 차 한 대, 금 서

돈

예) 소 한 마 리, 옷 한 벌,

열 살

예) 조 기 한 손, 연 필 한 자

루

예) 버 선 한 죽, 집 한 채

예) 신 두 켤 레, 북 어 한 쾌

　　2) 보 조 용 언 문 제

	본	용	언	에		이	어	져		뜻	을		더	하
는		보	조		형	용	사	와		보	조		동	사
의		경	우	는		띠	어		씀	을		원	칙	으
로		하	지	만		붙	여		쓰	는		것	도	
허	용	된	다	.										
예	)	내		힘	으	로		막	아		내	다	/	막
아	내	다	.											
예	)	비	가		올		듯	하	다	/	올	듯	하	다	.
예	)	그		일	은		할		만	하	다	/	할	만

하다.

예) 일이 될 법하다 / 될법하다.

　3) 고유 명사 및 전문 용어

　성과 이름, 성과 호 등은

붙여 쓰고 이에 덧붙는 호칭

어, 관직명 등은 띄어 쓴다.

예) 김양수 / 채영신 씨 / 박동식

박사

　성명 이외의 고유 명사는

단어별로 띄어 씀을 원칙으로

하되, 단위별로 띄어 쓸 수

있다.

예) 서울 대학교 사범 대학

부속 고등 학교 / 서울대학교

사범대학 부속고등학교

　전문 용어는 단어별로 띄어

씀을 원칙으로 하되, 붙여 쓸

수 있다.

예	)	급	성		복	막	염	/	급	성	복	막	염	
예	)	탄	소		동	화		작	용	/	탄	소	동	화
작	용													

(3) 한자어 써 보기

士	林	士	林	士	林	士	林
선비 사	수풀 림						

寫	眞	寫	眞	寫	眞	寫	眞
베낄 사	참 진						

歲	月	歲	月	歲	月	歲	月
해 세	달 월						

洗	劑	洗	劑	洗	劑	洗	劑
씻을 세	벨 제						

小	說	小	說	小	說	小	說
작을 소	말씀 설						

小	量	小	量	小	量	小	量
작을 소	헤아릴 량						

(4) 고사성어 써 보기

① 오비이락(烏飛梨落) : 까마귀 날자 배 떨어진다.
② 우이독경(牛耳讀經) : 쇠귀에 경 읽기.

烏	飛	梨	落	烏	飛	梨	落
烏	飛	梨	落	烏	飛	梨	落

牛	耳	讀	經	牛	耳	讀	經
牛	耳	讀	經	牛	耳	讀	經

문장의 이해 Ⅰ

(1) 주요 내용 읽어 보기

	[	문	장	의		이	해	Ⅰ	]		
	문	장	에	서		실	현	되	는		높	임	법	에	는		'주	체
높	임	법	',		'상	대		높	임	법	',		'객	체		높	임
법	'	이		있	다	.					
	1	)	주	체		높	임	법			
	주	어		혹	은		주	어	와		밀	접	한		관	련	이		있
는		것	을		높	인	다	.			
	예	)	선	생	님	께	서		도	서	관	에		계	십	니	다	.
	예	)	선	생	님	의		말	씀	이		있	으	시	겠	습	니	다	.
	2	)	상	대		높	임	법			
	듣	는		사	람	을		높	인	다	.	격	식	체	와		비	격	식
체	에	서		높	임	의		등	급	이		있	다	.			
	-	격	식	체		평	서	문	에	서			
	아	주	높	임	:	영	수	가		갑	니	다	(	하	십	시	오	체	)
	예	사	높	임	:	영	수	가		가	오	(	하	오	체	)	
	예	사	낮	춤	:	영	수	가		가	네	(	하	게	체	)	

아주낮춤 : 영수가　간다 (해라체)

- 비격식체　평서문에서

두루높임 : 영수가　가요 (해요체)

두루낮춤 : 영수가　가 (해체)

3) 객체　높임법

목적어나　부사어　등을　높인다.

예) 나는　선생님께　과일을　드렸다.

예) 아버지를　모시고　병원에　갔다.

(2) 주요 내용 써 보기

　　[문장의　이해 I]

　　문장에서　실현되는　높임법에
는　　‘주체　높임법’,　‘상대
높임법’,　‘객체　높임법’이
있다.

　　1)　주체　높임법
　　주어　혹은　주어와　밀접한
관련이　있는　것을　높인다.

예) 선생님께서 도서관에 계십
니다.

예) 선생님의 말씀이 있으시겠
습니다.

2) 상대 높임법

듣는 사람을 높인다. 격식체
와 비격식체에서 높임의 등급
이 있다.

- 격식체 평서문에서

아 주 높 임 : 　영 수 가 　　갑 니 다 (하 십

시 오 체)

예 사 높 임 : 　영 수 가 　　가 오 (하 오 체 　)

예 사 낮 춤 : 　영 수 가 　　가 네 (하 게 체 　)

아 주 낮 춤 : 　영 수 가 　　간 다 (해 라 체 　)

　　- 비 격 식 체 　　평 서 문 에 서

두 루 높 임 : 　영 수 가 　　가 요 (해 요 체 　)

두 루 낮 춤 : 　영 수 가 　　가 (해 체 　)

　　3) 객 체 　　높 임 법

목적어나 부사어 등을 높인다.

예) 나는 선생님께 과일을 드

렸다.

예) 나는 아버지를 모시고 병

원에 갔다.

(3) 한자어 써 보기

神 仙	神	仙	神	仙	神	仙
귀신 신 / 신선 선						

臣 下	臣	下	臣	下	臣	下
신하 신 / 아래 하						

身 分	身	分	身	分	身	分
몸 신 / 나눌 분						

失 望	失	望	失	望	失	望
잃을 실 / 바랄 망						

實 科	實	科	實	科	實	科
열매 실 / 과목 과						

安 寧	安	寧	安	寧	安	寧
편안할 안 / 편안할 녕						

(4) 고사성어 써 보기

① 일벌백계(一罰百戒) : 한 사람을 벌줌으로써 여러 사람의 경각심을 불러일으킴.
② 일장춘몽(一場春夢) : 인생의 허무함을 비유한 말.

一	罰	百	戒	一	罰	百	戒
一	罰	百	戒	一	罰	百	戒

一	場	春	夢	一	場	春	夢
一	場	春	夢	一	場	春	夢

문장의 이해 Ⅱ

(1) 주요 내용 읽어 보기

	[	문	장	의		이	해	Ⅱ	]					
	하	나	의		문	장	은		다	른		문	장 에		내	포	되	어
'	안	진		문	장 '		즉		내	포	문	으	로		사	용	된	다	.
또	한		여	러		문	장	이		이	어	져		'	이	어	진		문
장	'		즉		연	결	문	이		실	현	되	기	도		한	다	.	

	1	)	안	진		문	장							
	문	장	이		'	절	'	의		형	식	으	로		다	른		문	장
에		내	포	되	면	,	내	포	된		문	장	이		'	안	진		문
장	'	,	절	을		내	포	하	는		문	장	이		'	안	은		문
장	'	의		기	능	을		한	다	.				
	-	명	사	절	로		안	김						
	예	)	그	가		상	을		탔	음	이		분	명	하	다	.		
	예	)	이	제	부	터		너	의		일	이		잘		되	기	를	
바	란	다	.											
	예	)	영	수	가		서	울	에		돌	아	온		것	이		확	실
하	다	.												

- 서술절로 안김

예) 철수가 마음이 정말 착하다.

- 관형절로 안김

예) 나는 내가 직접 그를 만난 기억이 없다.

예) 그가 우리를 도와 준 일을 잊지 맙시다.

- 부사절로 안김

예) 영수는 말도 없이 떠나 버렸다.

- 인용절로 안김

예) 누구나 사람은 평등하다고 믿는다.

2) 이어진 문장

두 문장이 연이어 나오는 '이어진 문장'은 대등적으로 이어진 문장과 종속적으로 이어진 문장으로 나눌 수 있다.

예) 호랑이는 죽어서 가죽을 남기고 사람은 이름을 남긴다.

예) 가을이 오면 설악산으로 떠날 것이다.

(2) 주요 내용 써 보기

　　　[　문　장　의　　　이　해　Ⅱ　]

　　　하　나　의　　　문　장　은　　　다　른　　　문　장　에

내　포　되　어　　　'　안　긴　　　문　장　'　　　즉

내　포　문　으　로　　　사　용　된　다　.　　또　한　　　여

러　　　문　장　이　　　이　어　져　　　'　이　어　진

문　장　'　　　즉　　　연　결　문　이　　　실　현　되　기

도　　　한　다　.

　　　1　)　안　긴　　　문　장

문장이 '절'의 형식으로

다른 문장에 내포되면, 내포된

문장이 '안긴 문장', 절을

내포하는 문장이 '안은 문장'

의 기능을 한다.

   - 명사절로 안김

예) 그가 상을 탔음이 분명하

다.

예) 이제부터 너의 일이 잘

되기를 바란다.

예) 영수가 서울에 돌아온 것

이 확실하다.

　- 서술절로 안김

예) 철수가 마음이 정말 착하

다.

　- 관형절로 안김

예) 나는 내가 직접 그를 만

난 기억이 없다.

예) 그가 우리를 도와 준 일을 잊지 맙시다.

 － 부사절로 안김

예) 영수는 말도 없이 떠나 버렸다.

 － 인용절로 안김

예) 누구나 사람은 평등하다고 믿는다.

 2) 이어진 문장

두　문장이　연이어　나오는

'이어진　문장'은　대등적으로

이어진　문장과　종속적으로　이

어진　문장으로　나눌　수　있다.

예)　호랑이는　죽어서　가죽을

남기고　사람은　이름을　남긴다.

예)　가을이　오면　설악산으로

떠날　것이다.

(3) 한자어 써 보기

英語		英語		英語		英語	
꽃부리 영	말씀 어						

五福		五福		五福		五福	
다섯 오	복 복						

溫冷		溫冷		溫冷		溫冷	
따뜻할 온	찰 냉						

完成		完成		完成		完成	
완전할 완	이룰 성						

王朝		王朝		王朝		王朝	
임금 왕	아침 조						

曜日		曜日		曜日		曜日	
빛날 요	날 일						

(4) 고사성어 써 보기

① 일취월장(日就月將) : 학업(學業)이 날이 가고 달이 갈수록 진보(進步)함.
② 작심삼일(作心三日) : 결심이 얼마 되지 않아 흐지부지 된다.

日	就	月	將	日	就	月	將
日	就	月	將	日	就	月	將

作	心	三	日	作	心	三	日
作	心	三	日	作	心	三	日

문장의 이해 Ⅲ

(1) 주요 내용 읽어 보기

	[	문	장	의		이	해	Ⅲ	]									
	문	장	의		서	술	어	에		사	용	된		용	언	에	는	특
정		접	미	사	들	이		붙	어	서		새	로	운		기	능	을
더	하	기	도		한	다	.	'	사	동	법	'	과		'	피	동	법	'
에		의	해	서		문	장	의		형	식	과		의	미	가		달	라
지	는		것	이	다	.												
	1	)		'	사	동	'	은		주	어	가		상	대	에	게	어	떤
움	직	임	을		하	게		하	는		동	작	을		의	미	한	다	.
이	러	한		사	동	을		표	현	하	는		것	이		'	사	동	법	'
으	로	서		사	동		접	미	사		'	이	,	히	,	리	,	기	,
우	,	구	,	추	'	를		붙	이	거	나		'	-	게		하	다	'
구	문	을		만	들	어		나	타	낸	다	.						
	예	)	고	기	가		잘		익	었	다	.						
	→	고	기	를		잘		익	혀	서		먹	어	라	.			
	→	고	기	를		잘		익	게		하	려	면		불	이		좀
더		세	야		한	다	.											

2) '피동'은 주어가 어떤 움직임을
상대에게 당하는 것을 의미한다. 이러
한 피동을 표현하는 것이 '피동법'인
데 피동의 접미사 '이, 히, 리, 기'를
붙이거나 '-어지다' 구문을 만들어
나타낸다.
　예) 경찰이 드디어 범인을 잡았다.
　→범인이 드디어 경찰에게 잡혔다.
　예) 영수는 메모를 찢었다.
　→메모는 영수에 의해 찢겼다.
　→메모는 영수에 의해 찢어졌다.

(2) 주요 내용 써 보기

[문장의　이해Ⅲ]

　　문장의　서술어에　사용된　용언에는　특정　접미사들이　붙어서　새로운　기능을　더하기도　한다. '사동법'과　'피동법'에　의해서　문장의　형식과　의미가　달라지는　것이다.
　　1) '사동'은　주어가　상대

에게 어떤 움직임을 하게 하
는 동작을 의미한다. 이러한
사동을 표현하는 것이 '사동
법'으로서 사동 접미사 '이,
히, 리, 기, 우, 구, 추'를 붙
이거나 '-게 하다' 구문을
만들어 나타낸다.
예) 고기가 잘 익었다.
→ 고기를 잘 익혀서 먹어라.

→ 고기를 잘 익게 하려면 불

이 좀 더 세야 한다.

　　2) '피동'은 주어가 어떤

움직임을 상대에게 당하는 것

을 의미한다. 이러한 피동을

표현하는 것이 '피동법'인데

피동의 접미사 '이, 히, 리,

기'를 붙이거나 '-어지다'

구문을 만들어 나타낸다.

예) 경찰이　드디어　범인을　잡

았다.

→ 범인이　드디어　경찰에게　잡

혔다.

예) 영수는　메모를　찢었다.

→ 메모는　영수에　의해　찢겼다.

→ 메모는　영수에　의해　찢어졌

다.

(3) 한자어 써 보기

意 뜻 의	圖 그림 도	意	圖	意	圖	意	圖
衣 옷 의	服 옷 복	衣	服	衣	服	衣	服
醫 의원 의	師 스승 사	醫	師	醫	師	醫	師
耳 귀 이	順 순할 순	耳	順	耳	順	耳	順
因 인할 인	緣 가선 연	因	緣	因	緣	因	緣
一 한 일	致 보낼 치	一	致	一	致	一	致

(4) 고사성어 써 보기

① 주경야독(晝耕夜讀) : 낮에는 농사(農事) 짓고 밤에는 공부(工夫)한다는 뜻 어렵게 공부함을 이르는 말.
② 주마간산(走馬看山) : 대강 보고 지나감. 수박 겉 핥기.

晝	耕	夜	讀	晝	耕	夜	讀
晝	耕	夜	讀	晝	耕	夜	讀

走	馬	看	山	走	馬	看	山
走	馬	看	山	走	馬	看	山

제12주

아름다운 한국어 쓰기_서시 윤동주

(1) 읽어 보기

서시

                                      윤동주

죽는 날까지 하늘을 우러러
한 점 부끄럼이 없기를
잎새에 이는 바람에도
나는 괴로워했다.
별을 노래하는 마음으로
모든 죽어가는 것을 사랑해야지
그리고 나한테 주어진 길을
걸어가야겠다.

오늘밤에도 별이 바람에 스치운다.

(2) 써 보기

	서	시									
								윤	동	주	
	죽	는		날	까	지		하	늘	을		우	러	러
	한		점		부	끄	럼	이		없	기	를	
	잎	새	에		이	는		바	람	에	도	
	나	는		괴	로	워	했	다	.			
	별	을		노	래	하	는		마	음	으	로	

모든 죽어가는 것을 사랑해

야지

그리고 나한테 주어진 길을

걸어가야겠다.

오늘밤에도 별이 바람에 스

치운다.

(3) 한자어 써 보기

節	約	節	約	節	約	節	約
마디 절	묶을 약						

賣	店	賣	店	賣	店	賣	店
팔 매	가게 점						

停	年	停	年	停	年	停	年
머무를 정	해 년						

定	價	定	價	定	價	定	價
정할 정	값 가						

庭	園	庭	園	庭	園	庭	園
뜰 정	동산 원						

情	感	情	感	情	感	情	感
뜻 정	느낄 감						

(4) 고사성어 써 보기

① 진퇴양난(進退兩難) : 이러지도 저러지도 못하는 어려운 처지.
② 천재일우(千載一遇) : 천 년 동안 단 한 번 만난다는 뜻으로, 좀처럼 만나기 어려운
좋은 기회를 이르는 말.

進	退	兩	難	進	退	兩	難
進	退	兩	難	進	退	兩	難

千	載	一	遇	千	載	一	遇
千	載	一	遇	千	載	一	遇

아름다운 한국어 쓰기_쉽게 쓰여진 시 윤동주

(1) 읽어 보기

쉽	게		쓰	여	진		시				
									윤	동	주
창	밖	에		밤	비	가		속	살	거	려
육	첩	방	은		남	의		나	라		
시	인	이	란		슬	픈		천	명	인	줄	알	면	서	도
한		줄		시	를		적	어		볼	까
땀	내	와		사	랑	내		포	근	히		풍	긴
보	내		주	신		학	비		봉	투	를		받	아
대	학		노	-	트	를		끼	고		
늙	은		교	수	의		강	의		들	으	러		간	다	.

생각해 보면 어릴 때 동무를

하나, 둘, 죄다 잃어버리고

나는 무얼 바라

나는 다만, 홀로 침전하는 것일까?

인생은 살기 어렵다는데

시가 이렇게 쉽게 쓰여지는 것은

부끄러운 일이다.

육첩방은 남의 나라

창밖에 밤비가 속살거리는데

등불을 밝혀 어둠을 조금 내몰고

시대처럼 올 아침을 기다리는 최후의

나

나는 나에게 작은 손을 내밀어

눈물과 위안으로 잡는 최초의 악수

(2) 써 보기

	쉽	게		쓰	여	진		시						
									윤	동	주			
	창	밖	에		밤	비	가		속	살	거	려		
	육	첩	방	은		남	의		나	라				
	시	인	이	란		슬	픈		천	명	인		줄		알
면	서	도												

한 줄 시를 적어 볼까

땀내와 사랑내 포근히 풍긴

보내 주신 학비 봉투를 받아

대학 노-트를 끼고

늙은 교수의 강의 들으러 간

다.

생각해 보면 어릴 때 동무를

하나, 둘, 죄다 잃어버리고

나는 무얼 바라

나는 다만, 홀로 침전하는 것

일까?

인생은 살기 어렵다는데

시가 이렇게 쉽게 쓰여지는

것은

부끄러운 일이다.

육첩방은 남의 나라

창 밖에 밤비가 속살거리는데

등불을 밝혀 어둠을 조금 내

몰고

시대처럼 올 아침을 기다리는

최후의 나

나는 나에게 작은 손을 내밀

어

눈물과 위안으로 잡는 최초의

악	수													

(3) 한자어 써 보기

壁	紙	壁	紙	壁	紙	壁	紙
벽 벽	종이 지						

直	線	直	線	直	線	直	線
곧을 직	줄 선						

質	量	質	量	質	量	質	量
바탕 질	헤아릴 량						

集	計	集	計	集	計	集	計
모을 집	셀 계						

着	陸	着	陸	着	陸	着	陸
붙을 착	뭍 륙						

參	加	參	加	參	加	參	加
간여할 참	더할 가						

(4) 고사성어 써 보기

千	篇	一	律	千	篇	一	律
千	篇	一	律	千	篇	一	律

初	志	一	貫	初	志	一	貫
初	志	一	貫	初	志	一	貫

아름다운 한국어 쓰기_별 헤는 밤 윤동주

(1) 읽어 보기

	별		헤	는		밤											
														윤	동	주	
	계	절	이		지	나	가	는		하	늘	에	는				
	가	을	로		가	득		차		있	습	니	다	.			
	나	는		아	무		걱	정	도		없	이					
	가	을		속	의		별	들	을		다		헤	일		듯	합	니	다	.
	가	슴	속	에		하	나		둘		새	겨	지	는		별	을
	이	제		다		못		헤	는		것	은					
	쉬	이		아	침	이		오	는		까	닭	이	오	,			
	내	일		밤	이		남	은		까	닭	이	오	,			
	아	직		나	의		청	춘	이		다	하	지		않	은		까	닭

입니다.

　별　하나에　추억과
　별　하나에　사랑과
　별　하나에　쓸쓸함과
　별　하나에　동경과
　별　하나에　시와
　별　하나에　어머니, 어머니,

　어머님, 나는　별　하나에　아름다운　말
한마디씩　불러　봅니다. 소학교　때　책상
을　같이　했던　아이들의　이름과　패, 경,
옥　이런　이국　소녀들의　이름과, 벌써
애기　어머니　된　계집애들의　이름과, 가
난한　이웃사람들의　이름과, 비둘기, 강아
지, 토끼, 노새, 노루, 프랑시스　잠, 라이
너　마리아　릴케　이런　시인들의　이름을
불러　봅니다.

　이네들은　너무나　멀리　있습니다.
　별이　아슬히　멀듯이,

어머님,

그리고 당신은 멀리 북간도에 계십니다.

나는 무엇인지 그리워

이 많은 별빛이 내린 언덕 위에

내 이름자를 써 보고

흙으로 덮어 버리었습니다.

딴은 밤을 새워 우는 벌레는

부끄러운 이름을 슬퍼하는 까닭입니다.

그러나 겨울이 지나고 나의 별에도

봄이 오면

무덤 위에 파란 잔디가 피어나듯이

내 이름자 묻힌 언덕 위에도

자랑처럼 풀이 무성할 게외다.

(2) 써 보기

별		헤	는		밤					
							윤	동	주	
계	절	이		지	나	가	는	하	늘	에	는
가	을	로		가	득		차		있	습	니	다	.
나	는		아	무		걱	정	도		없	이	
가	을		속	의		별	들	을		다		헤	일

듯합니다.

　가슴 속에 하나 둘 새겨지는

별을

　이제 다 못 헤는 것은

　쉬이 아침이 오는 까닭이오,

　내일 밤이 남은 까닭이오,

　아직 나의 청춘이 다하지 않

은 까닭입니다.

별 하나에 추억과

별 하나에 사랑과

별 하나에 쓸쓸함과

별 하나에 동경과

별 하나에 시와

별 하나에 어머니, 어머니,

어머님, 나는 별 하나에 아름

다운 말 한마디씩 불러 봅니다.

소학교　때　책상을　같이　했던

아이들의　이름과　패,　경,　옥이

련　이국　소녀들의　이름과,　벌써

애기　어머니　된　계집애들의　이

름과,　가난한　이사람들의　이름

과,　비둘기,　강아지,　토끼,　노새,

노루,　프랑시스　잠,　라이너　마리

아　릴케　이런　시인들의　이름을

불러봅니다.

이네들은 너무나 멀리 있습니다.

별이 아슬히 멀듯이,

어머님,

그리고 당신은 멀리 북간도에 계십니다.

나는 무엇인지 그리워

이 많은 별빛이 내린 언덕

위에

　내　이름자를　써　보고

　흙으로　덮어　버리었습니다.

　딴은　밤을　새워　우는　벌레는

　부끄러운　이름을　슬퍼하는　까

닭입니다.

　그러나　겨울이　지나고　나의

별에도　봄이　오면

	무	덤		위	에		파	란		잔	디	가		피	어
나	듯	이													
	내		이	름	자		묻	힌		언	덕		위	에	도
자	랑	처	럼		풀	이		무	성	할		게	외	다	

(3) 한자어 써 보기

通	路	通	路	通	路	通	路
통할 통	길 로						

特	別	特	別	特	別	特	別
특별할 특	나눌 별						

鐵	板	鐵	板	鐵	板	鐵	板
쇠 철	널빤지 판						

八	卦	八	卦	八	卦	八	卦
여덟 팔	점괘 괘						

敗	亡	敗	亡	敗	亡	敗	亡
깨뜨릴 패	망할 망						

便	利	便	利	便	利	便	利
편할 편	이로울 리						

(4) 고사성어 써 보기

① 풍전등화(風前燈火) : 바람 앞의 등불이라는 뜻으로, 사물이 매우 위태로운 처지에 놓여 있음을 비유적으로 이르는 말.
② 형설지공(螢雪之功) : 반딧불·눈과 함께 하는 노력이라는 뜻으로, 고생을 하면서 부지런하고 꾸준하게 공부하는 자세를 이르는 말.

風	前	燈	火	風	前	燈	火
風	前	燈	火	風	前	燈	火

螢	雪	之	功	螢	雪	之	功
螢	雪	之	功	螢	雪	之	功

• 참고 문헌

강경호, 쓰기 학습 지도에 대하여, 서울교대 논문집, 1995.

고영근 · 남기심, 표준국어문법론, 박이정, 2014.

국립국어원, 한국 어문 규정집, 국립국어원, 2007.

국립국어원, 바른국어생활, 국립국어원, 2014.

김광해, 국어 어휘론 개설, 집문당, 2013.

동아 연세 초등국어사전, 두산동아, 2002.

방인태 외, 초등학교 한자 교육, 역락, 2006.

윤동주, 동주: 하늘과 바람과 별과 詩: 윤동주 시집, 문예춘추사, 2016.

한글 맞춤법, 문화체육관광부고시 제2017-12호.

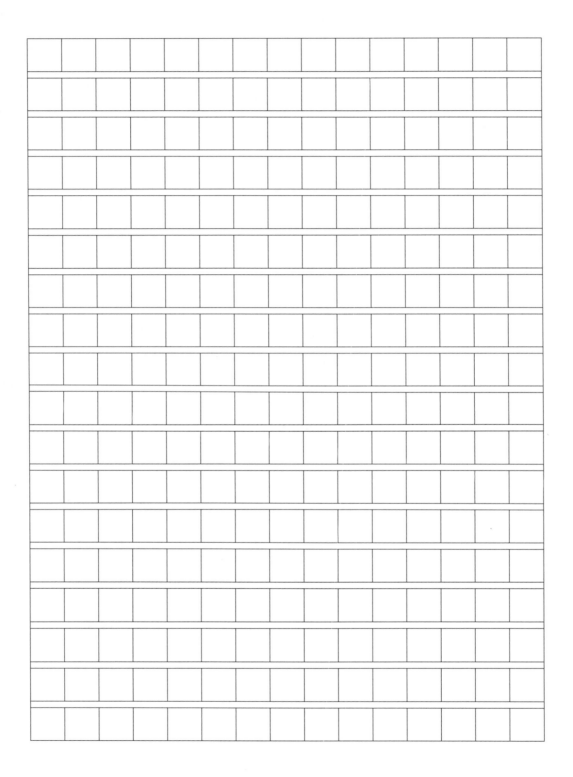

초등 국어과 글씨 쓰기 지도 : workbook

초등 국어과 글씨 쓰기 지도 : workbook